スマホ時代の哲学
失われた孤独をめぐる冒険

手機時代的孤獨哲學

谷川嘉浩 著
YOSHIHIRO TANIGAWA
陳聖怡——譯

野人

前言

「你們的拚命工作只是一種自我逃避」

有位哲學家名叫弗里德里希．尼采（Friedrich Nietzsche），他使用德語寫書，許多作品都有他國語言譯本，著作經過多次重譯，非常受歡迎。尼采還經常在小說跟漫畫中登場，坊間也出過好幾本他的名言語錄。

尼采寫過一本書叫作《查拉圖斯特拉如是說》，裡面有個段落寫得十分精闢：

活著之於你們，無異是一件永無憩息的粗活，因為不安，所以你們才對活著感到厭煩，不是嗎？〔……〕你們都喜歡粗活，喜歡快速、新奇與未知的事物——你們受夠了自己，你們的拚命工作只是一種自我逃避。*1

這段話的意思是，如果行程表一片空白，人就會覺得自己毫無價值，於是拚命將行程表填滿，不斷累積眼前的成果，藉此獲得「我很了不起」的感覺。像這樣周旋在「粗活」之間的生活，證明了人們渴望逃避對生存的不安。

或許有不少讀者會以工作忙碌而自豪，可能還有人認為，在假日安排許多活動，代表生活精彩充實。尼采批判的應該就是這種人。

忙著排滿行程、專注於眼前的事務，將所有時間花在與人共處而「忘卻自己」的人，可能會因為某些契機而感到倦怠（burnout）、罹患憂鬱症或適應障礙症，或是煩惱著「我終究是孤單一人」，渴望「有誰來陪我！」而忙著更新社群動態或傳訊息找人聊天。

更令人印象深刻的，是尼采使用「你們受夠了自己」、「只是一種自我逃避」來形容這些現象。尼采認為，我們實在不善於凝視自己對生存的焦慮，無法好好跟生存打交道。受到哲學吸引的人，多多少少都對自己「活得笨拙」這一點有所體會。

哲學可以陪在日夜忙碌的勞動者身旁，緩解這股焦慮的情緒，本書就是為此而

*1 弗里德里希．尼采（Friedrich Nietzsche）。查拉圖斯特拉如是說（Also sprach Zarathustra）。在引用時，為了便於閱讀，有時會對部分內容進行調整。

寫的。我無意用過於悲觀且嚴肅的口吻來談論，也不是要說些保守又無關緊要的話，但肯定會提出蜂螫般一針見血的內容。

希望這本書的字字句句，可以像蜂針般尖銳地刺進你的心坎，幫助你放鬆在焦慮和忙碌中逐漸僵硬的肩膀。

哲學熱潮，其實是大眾渴望學哲學的真實呼聲

Google等跨國企業都會聘請哲學家。當他們準備推出新業務或新技術時，這些企業會請哲學家或倫理學家參與其中。有些企業會設置內部哲學家（in-house philosopher）或最高倫理長（Chief Ethics Officer），各位可能曾在新聞裡看過這些職稱吧？

以數據分析聞名的帕蘭泰爾技術公司（Palantir Technologies），其最高執行長艾力克斯・卡普（Alex Karp）是寫過博士論文的哲學家；PayPal的創辦人之一兼投資家彼得・提爾（Peter Thiel）也通曉哲學，他們的經歷都是網路文章大書特書的素材。

忘了自我介紹，我是職業哲學家谷川嘉浩。先別管前面那些光鮮亮麗的例子，至少我自己就聽過企業上班族和經營人士表示「想要學哲學」，也有愈來愈多企業

認為「我們公司需要哲學」、「思考和創造性終究還是最重要的」、「希望嘗試與哲學家合作」。現在，即使在商管雜誌之類的書刊裡看到哲學專題，應該已經沒有人會大吃一驚了吧？實際上，我也曾經受邀去企業聆聽意見、進行顧問諮詢或調查、擔任研習講師，也做過類似哲學指導的工作。

因緣際會之下，我接受了Infomart公司旗下網路媒體Less is More.的採訪。彙整後的採訪內容標題是「在保持連線中失去的孤獨，抑或是『長久思考力』。專訪哲學家・谷川嘉浩」，在二〇二〇年七月公開發表。

這類網路文章難得的地方在於，它不只能讓很多人看到，更不僅止於一時的話題，而是可以長久傳讀下去。而身為這眾多讀者之一的橋本莉奈編輯，給了我撰寫這本書的動機。在專訪文章刊登一年後，她因為「在訪談中找到一些頭緒，似乎可以幫助想學哲學的人」，於是聯絡了我。

雨瀨栞創作的《接下來是倫理課》（ここは今から倫理です。）是一部以哲學為主題的漫畫，這部作品受歡迎到被日本放送協會（NHK）翻拍成真人電視劇（由山田裕貴主演）。除了這部連續劇以外，ＮＨＫ還不時推出「邏輯的力量」、「100分de名著」、「Lotti和小羊」、「找世界各地的哲學家做人生諮商」、「欲望的資本主義」等哲學類節目。這不只是單純的哲學熱潮，更可說是大眾想要學哲學的心聲四處扎根的結果。前面提到的訪談以及本書的撰寫，都是受到這些願望的驅使才得以完成。

學習哲學，就像參加一趟「未知大地」的觀光導覽

坊間已經出版過許多一般大眾或商務人士取向的哲學入門書。但是，身為總愛刻意唱反調的叛逆人類，我很猶豫是否要用類似「我可是厲害到可以教你厲害哲學家的厲害思想哦」這種語氣，厚顏無恥地推銷哲學。

讀過哲學入門書的人應該明白，哲學入門書多半真的都滿有這種意味，但我實在無法那麼自大。當然，我也讀過這些已經出版的書，明白它們的價值與魅力，但我並不想再寫一本語氣跟它們一模一樣的書。

當我思考該怎麼辦時，忽然想到「Terra Incognita」這個詞。古代的歐洲地圖上，會將無人知曉、尚未開拓的土地標示為「Terra Incognita」，意思是「未知大地」。但這只是以歐洲角度來看的「未知」，那片土地上可能早已住著其他居民。

對大多數人而言，要接觸哲學這種似乎很硬實的學問，就像是踏進未知大地一樣。光是要踏出第一步就令人戰戰兢兢，應該也有不少人，雖然踏出了一小步，又

感到莫名害怕而折返。

這種時候，讀者需要的並不是「哲學很厲害吧」、「哲學很實用哦」、「快看」這種強力推銷，而是告訴他們「推薦到這裡走走」、「可以看看這裡和這裡」，像簡單的觀光導覽一樣，帶他們認識「這裡有過這樣的歷史」、「這就是此處的魅力」、「當地人都是用這種想法看這一帶」。

畢竟，我居住在哲學這片未知大地，但經常用大眾取向的方式說話、聆聽大家的意見，所以對於觀光客對哪些東西有興趣還算清楚。順便一提，我雖然是哲學家，但是在哲學上的成就相對不多，姑且算是一個觀光學者（真的）。

本書就是出於這個目的而寫的觀光導覽。所以，希望各位不要把書中的話語當作我個人的獨白，而是當作陪在各位身邊的導遊在說話，將閱讀過程轉換成對話。

為了避免各位將書中內容當成我的獨白，閱讀時，請不要像是在自動販賣機買飲料一樣，只是投幣後按下按鍵，等待剩下的程序自動處理完畢。光是閱讀，是無法「完成哲學思考」的。

若要將閱讀化為一趟觀光旅程，就需要邁開雙腳。不是單純把這本書的內容當作「資訊」來接收，而是必須將資訊轉換成「經驗」。將資訊轉換成經驗，是讀者的工作。我能做的，頂多就是帶領各位在未知的大地上，參觀我相信值得介紹的景點。閱讀，是作者與讀者的共同作業。

本書選擇了蜂螫般一針見血的話語和標題，作為引人入勝的誘餌。開頭引用的尼采文章，就是一個楔子。查閱幾部字典，會發現日文的「一針見血（寸鉄人を刺す）」也可以用「撼動」、「使人動搖」、「擾亂」這些詞來表現。觀光是一種脫離日常的體驗，如果足夠深刻，肯定會撼動自己、動搖內在、擾亂自己的心境。如果你在閱讀本書時有這種感覺，希望你不要忽略這股心靈的波動，而是把它轉換成與本書對話的機會。

人必定會在人生的某一處止步

我還要先聲明一件很重要的事：這本書並不是老少咸宜。因為，哲學不是任何人隨時隨地都「須要」的東西。在人生或社會運行順利的時刻，應該沒有多少人會認為哲學是必要的吧？

但是，人必定會在人生的某一處止步。我的人生究竟算什麼？我是為了什麼才工作到今天？根本就沒有人了解我吧？我是不是一點價值也沒有？我們總會在某個時刻陷入困頓，心頭被無數個疑問纏繞，無法擺脫。人生在世，難免走到瓶頸，束手無策。

也許真的有人「從來不曾停下腳步」，但這種人要不是運氣非常好，就是有別人或是其他事物代替他負重前行。

就算只看「工作」這一方面，即使自己覺得無往不利，也可能會無預警地受到公司外派、需要開始照顧父母，或是工作、愛情、育兒無法兼顧，破產、遭遇突發疾病或事故。這時，我們肯定會煩惱是否有新的做法或思考方式，必須在不安中學習，在不知道自己該何去何從的情況下動腦思考。

而看似一帆風順的人，可能也懷抱著許多煩惱。「我居然說了那種話，好想要原地消失」、「根本沒有人懂我，沒有人可以傾訴」、「就算賺了這麼多錢，還是好空虛」、「不知道退休後該做什麼」、「不想要這樣日復一日度過幾十年」、「公事和私事都很順利，卻整夜失眠」、「我有一段無法挽回的過去」。這些人往往會陷入百思不得其解的漩渦之中，只希望找到一個不同的觀點或想法，幫助他們解釋、打破痛苦的時刻與狀況。當人陷入憂鬱，日子得過且過時，會感到黑夜實在太過漫長，人生也失去了色彩。

你可能清楚記得自己曾經在某一刻突然淚流不止，才意識到自己早已遍體鱗傷；也可能會一向自以為堅強，卻在某天忽然就無法起床面對生活。回家這件事，或是單純地呼吸、去學校上學、參加社團活動、參與公司或朋友的聚會，這些事瞬間變得困難重重。當我們處在這些停滯不前的時刻，哲學就可以幫你一把。

就算當下沒有生病，世界上也不能沒有醫生

我們來參考古羅馬斯多噶派哲學家愛比克泰德（Epictetus）的話，藉此思考一下哲學的功用。我很欣賞愛比克泰德。他曾經是個擁有悲慘經歷的奴隸，他說道：

> 我告訴你們，哲學學校就是治病的地方。〔……〕總之，人不會在健康的時候來到〔哲學學校〕，有的人是肩膀脫臼才來，有的人是長了腫包才來，有的人是長了瘻管才來，有的人則是頭痛才來。*2

愛比克泰德明示，人在出現某些問題（生病或受傷）時，才會為了解決問題而學習哲學。

只要人還期望無病無痛地過完一生，就算當下並沒有需求，也依然需要有個「治病的地方」。他用醫學當作隱喻，讓我們了解：即使當下感受不到哲學有何必要，世人依然需要哲學。

愛比克泰德延續前面那段話，闡述了話中的意圖：「你學哲學，是為了在說出一些話語時得到我的肯定嗎？蘇格拉底和芝諾這些哲學家所做的，難道是這種事情嗎？」*3 哲學的任務並不是大方地肯定聽眾、只對他們說些悅耳的話語，愛比克泰德認為，讓人有去機會去經歷改變自己的體驗，才是哲學的任務。

有一部我很喜愛的漫畫叫作《異國日記》（違国日記），主角是一名少女小說家，書中有人詢問她寫作的技巧，她的回答是「抱著必死的決心，與殺戮的決心去寫」*4。這大概就是愛比克泰德想要表達的。學生來哲學學校上學，本來就不是為了談論保守又模稜兩可的事情，也不是為了互相取暖、嬉戲玩鬧。這句話與其說是指責，我認為更像在賦予學生勇氣，激勵他們「練就出俐落的話語，培養出能激

*2 愛比克泰德。人生談義 下卷（Discourses）。國方榮二．譯。岩波文庫，二〇二一，145－146頁。
引文中的「瘻管」是指身體組織為了排出體內的膿而形成的通道。順便一提，哲學與醫術．醫學的關聯，在福嶋亮大《感染症としての文学と哲学》（光文社新書，二〇二二）一書中有頗吸引人的介紹。

*3 同前書，146頁。芝諾跟蘇格拉底都是古希臘哲學家。

*4 山下知子。異國日記6。摘自第二十六話。主角在這句對白後面又建議對方要努力充實詞彙量以便運用，並提到導演丹尼．維勒納夫（Denis Villeneuve）的電影《異星入境》。這一幕可以算是與本書討論的「讓他者住進自己的內在」相通。

邏思辨的關係」。

走在哲學這片「未知大地」，路上並不會有舒適的空調，不會連一隻蟲子都沒有，也不會有安全又完善、可以預料的步道。就這一點來看，本書正是承襲了愛比克泰德的精神。

生活卡關時，哲學就是你的「心靈常備藥」

將哲學比喻為醫學的觀點，還可以教會我們很多道理。舉例來說，假如醫生建議你「平常要運動」，身為病患的你會老實聽話嗎？如果目前生活上沒什麼問題，很多人大概只會口頭同意「好吧，說的也是」、「運動確實很重要」，但根本不打算改變行動吧（例如我就是）？認為自己暫時沒有問題的人，並不會聽從醫生的建議。

「現在的我沒問題，沒有必要改變作法。無論是我自己，還是我的公司、家庭，都不需要反省或調整。」內心這麼想的人就算讀了這本書，肯定也得不到任何收穫。因為，認為自己和周遭不需要改變的人，不可能聽進任何話的。

不過，人終究會在生活上遭遇停滯不前的時刻，自己重視的人也難免經歷內心受傷失落的時候。為了這些時刻，至少可以先試著接觸哲學看看。

但是，人並沒有厲害到接觸過一次哲學就永生不忘。在每天都被手機和各種裝置塞滿娛樂和資訊的情況下，接觸哲學的經驗，最後很可能被埋葬在記憶的角落。我們該怎麼做，才能在真正需要的時候，明確地將它回想起來呢？

答案是：把哲學擺在身邊。具體的作法就是將它放在書架附近，隨時可以重複翻閱。我認為，這是為了「以備不時之需」最實際的作法。不妨把哲學書放在能讀到各種人生體驗的漫畫和小說旁邊吧。

哲學＝一鍵安裝兩千五百年份的問題解決力

這裡所說的「哲學」，是指嘗試用各種方式理解世界的態度。人類在「哲學」的名義下，累積了許多認識世界的方法與實踐技巧。本書的目的，就是幫助各位活用這些見解，培養出觀察世界的眼光。不過，光靠這一本書，頂多只能讓各位感受到哲學的「觸感」而已。

哲學的歷史有多長，取決於你如何看待它的起點。如果以古希臘的蘇格拉底時代為起點，那麼哲學已延續兩千五百年左右；但實際上，它的歷史可以追溯得更久遠。因此，與如此悠久的歷史相比，這本書能談論的實在是微不足道。

不過，真的很驚人，對吧？那麼久遠以前，在希臘一隅，某個人所說的話竟能被一代又一代傳述、閱讀，輾轉至今，撼動了現代日本人的心靈，培育出哲學的追隨者。我在偏鄉高中的「倫理」課上，認識了蘇格拉底和柏拉圖，內心震撼不已，覺得蘇格拉底太帥了，柏拉圖太厲害了。

如果要清楚表達我當時的感受，或許可以說，我震驚於有人願意跨越時代和地區，去還原、解釋那些古老的話語。而在世界各地、各個時代，有無數人跟我擁有相似的感受。時間的積累宛如祈禱一般。

榮獲手塚治虫文化獎漫畫大獎的作品《地。－關於地球的運動－》，作者魚豐也曾在廣播節目中談到，自己是在高中倫理課上受到哲學的震撼*5。這段經歷跟我一模一樣。或許，很多人也都曾有過。

當然，應該也有很多人認為「哲學一點用也沒有」、「跟我無關」。這種人在歷史上肯定不少見。不過，哲學全然無視了這些聲音，它比任何老字號企業的歷史還長壽，甚至從大學出現前的遙遠時代開始，始終是熱門的討論焦點。至今已傳承約兩千五百年的哲學，今後肯定也會繼續流傳下去。

數千年來，各個領域的天才深受「哲學」吸引，相繼踏上這片大地。哲學這個地方，值得特地安排假日前往，充分感受它的精彩之處。不妨讓「哲學」的魅力，或是魔力，來「騙你一下」吧？畢竟，所有的觀光旅程，不都是中了大地的魔法才開始的嗎？

*5 他在TBS廣播「荻上チキ・Session」二〇二一年十月十二日、十九日擔任來賓。節目可在Spotify等串流平台上收聽。

第2章

哲學不是一個人苦思

——不懂這些，別說你懂哲學

第3章 永遠在線，卻依然「寂寞」——你不是寂寞，只是忘了「如何孤獨」

第4章 「嗜好」是最好的孤獨練習

第5章

為什麼我們忙碌卻空虛？

——社會文化如何製造我們的焦慮

第6章 當手機帶來的麻痺感退去，「無聊」正在提醒我們改變

第 1 章

尼采說，我們無法跟焦慮打好交道，只好用繁忙的粗活把自己困住，只為了逃避自己。即使在尼采逝世一百多年後，這句話在我們聽來，依然是忠言逆耳。

本章會以「手機時代」的社會現象為背景，探討我們是如何逃避自己、如何在生活中「迷失方向」。在日復一日的生活中，我們究竟失去了什麼觀點？又應該用什麼觀點來看待生活？

我們簡直活得像「喪屍電影裡出場即死的角色」一樣渾渾噩噩，對吧？

來一趟享受迷路、重新審視社會與自我的冒險吧！

手機時代的
哲學生存課：
迷路或遇到喪屍都
能活下去的方法

聚在一起高談闊論，卻無意聆聽別人的現代社會

尼采說：「你們的拚命工作只是一種自我逃避」。我們就從他批判的對象，也就是我們「自我逃避的模樣」開始說起吧。我們逃避自己的本領可不是蓋的。如果想要進一步了解這種狀態，不妨認識一下哲學家何塞・奧特加・加塞特（José Ortega y Gasset）。

奧特加是一位西班牙哲學家。哲學跟西班牙的組合很稀奇吧？但值得各位關注的，是他的著作《大眾的反叛》。奧特加分析了現代社會的特徵，並且從顯而易見的現象切入：城市的擁擠。

> 城市裡人滿為患，租屋供不應求，旅館一房難求，火車座無虛席，咖啡館裡萬頭攢動，公園裡散步者比肩繼踵，名醫的診療室裡病人大排長龍，劇院場場爆滿，海灘上也擠滿了戲水的人。尋找空間這件事，在過去根本稱不上是問題，如今卻幾乎成為日常的麻煩。*6

總之，人多得亂成一團。奧特加認為，一言以蔽之，城市的特徵無非就是人

多。儘管城市裡聚集了擁有多元背景與屬性的人，但大家都一窩蜂地擠到相同的地方，彷彿這種多元性根本不存在。

也許有人會想：新冠疫情下遠距工作模式普及，或是移居外地的風潮，已經讓狀況有些改變。不過，只要大家能理解人對於「想要在場親身參與話題」的執念，那麼奧特加的論述至今依然適用。各位可以回想一下，我們是如何成群結隊地關注熱門新聞與內容，或是總覺得不能錯過，非得稍微瞄一眼群眾談論的八卦？無論在線上或是線下，這種「一窩蜂」的現象，正是我們社會的基本特徵。

而奧特加依據這個觀察，進一步指出另一個重要的現象，這一點相當有趣，我們來看看他怎麼說：

> 相反地，現代人對這個世界已發生的，或即將發生的一切，都抱持極其明確的「想法」。如果自己已經具備了所有必要的東西，那麼還有什麼聆聽別人的必要？如今，聆聽的理由已經消失，取而代之的是判斷、發表意見，以及下結論。*7

*6 何塞・奧特加・加塞特。大眾的反叛（La rebelión de las masas）。

*7 同前書。引文中的「現代人」原本是「普通人」，但兩者為同義，故替換之。

人聚在一起，所為何事？奧特加說，他們為的不是傾聽別人，而是自信十足地談論自己的思想。在一片喧囂中，每個人只顧著高談闊論，無意聆聽別人。好似所有議題都與自己有關，對任何事都有「意見」，都要發表評論。遇到不怎麼在乎的社會問題，反倒當作不存在。在奧特加的眼中，我們所身處的社會就是如此。

只要想想社群媒體上的情景、咖啡館裡的對話，以及熱鬧街頭上的路人群像，就會發現事實或許真的如奧特加所說。人們只在乎自己，希望世界按照對自己有利的方式運轉，一味關注自己的形象與發言，對自己的想法深信不疑；即使面對專家也大言不慚；相信偽科學的人，甚至根據神祕的理論嘲笑科學家是「資訊弱者」……我們彷彿失去了對別人與世界的興趣。

接下來我們會發現，奧特加的論述有多麼無懈可擊。當我向別人介紹奧特加的言論時，無論是學生、上班族、自由工作者、大老闆、老年人，一定會出現「我懂，我懂」、「哦，那種人我遇過」這一類反應。目前還沒有人讓我失望過。

然而，讀到這裡，如果有人心想「沒錯，就是有這種人！臉皮未免也太厚了」，那麼，你並沒有發現，自己也正是奧特加所批判的現代人：認為奧特加所描述的與自己無關。這剛好符合他指出的現代人特徵，也就是凡事都依照自己心中的

「標準答案」去判斷、發表意見、下結論。奧特加希望大眾警惕的，正是這種姿態。

「悶在心裡自顧自得出結論」的現代人

現代人將所有思考過程悶在心裡自顧自地得出結論，一窩蜂地聚在一起，卻只是七嘴八舌各說各話，不願聆聽別人。一聽到稍微深奧的話題，就馬上湊過去，認為自己早已掌握足夠見解，能夠判斷、發表意見與下結論。一切都只不過是「閒聊」的話題，關於自身的狀況則束之高閣。倘若現代人的這種模樣令奧特加搖頭，那麼他提出了什麼替代方案？

提示就在下一個段落。這隱喻令人印象深刻，請各位仔細閱讀：

> 凡是對自身存在秉持嚴肅態度，並充分負起責任的人，勢必都會感到某種不確定感，驅使他時刻保持警覺。羅馬軍隊為了防止哨兵被睡意席捲，命令他們保持將手指緊貼在嘴唇上的姿勢，確保他們毫不鬆懈。這種姿勢自有其價值所在，它似乎賦予了寂靜的夜晚更深

的沉默，讓人更容易捕捉到即將發生的任何響動。[8]

夜間守衛之所以將手指貼在嘴唇上以免睡著，大概是因為人一旦睡著，臉就會往前傾被手指戳到而醒過來吧。不過，這個手勢看起來也像是在提醒自己「保持安靜」。奧特加為這個動作賦予雙重含義，同時也肯定了「沉默」、「警覺」與「聆聽」的價值。

「我懂、我懂，意思就是要不時安靜下來仔細聽別人說話，對吧？」別急著點頭說懂。如果不從文章的整體脈絡出發，就無法貼近奧特加的想像力。奧特加的意思可不是這樣。

話說回來，「沉默」、「警覺」與「聆聽」是與什麼狀態進行對比？答案就是：在理當聚集了多元群體的城市裡，大家卻「一窩蜂追逐著熱門流行話題，花費極少的心力去觀察和注意周遭，只憑既有的思想與能力隨意地做出判斷、發表意見與下結論」的這種生活方式。奧特加認為，問題就出在現代人這種「封閉式思考」的狀態。

換言之，奧特加指出現代人常見的心態：凡事都自行判斷、發表意見、下結論，將意見與思想強加於人，深信自己有能力和資格懷疑一切。但他並不是要談

「人在哪種情境下說得太多」、「在哪種場面最好仔細聆聽」這種針對個別狀況提出的教訓。

照理說，奧特加想提出的替代方案，應該會與現代人理應遭受批判的「封閉式思考」截然相反。這件事很重要，我們要格外留意這一點，繼續更深入地解讀奧特加所說的話。

現代人都是「充滿自信的路痴」

為了掌握奧特加選擇的哲學路線，我們先來看看他如何用另一種表現方式來批判現代人：

> 純粹的利己主義是一座迷宮，這並不難理解。〔……〕如果一個人只想埋首於自我世界裡自己決定路該怎麼走，那麼他就會停滯不

*8 同前書。

前，困守原地，繞著同一個點不斷打轉。[*9]

奧特加用「利己主義」、「迷宮」、「埋首於自我世界」、「自己決定」、「不斷打轉」來形容現代人封閉式的思考方式。這些比喻雖然不同，但核心都是在重複同一個意思。

他在另一處也重複闡述這個觀點，我們來看一下：

> 自覺自己並未迷失的人，實際上已經無可挽回地永久迷失了。也就是說，他從未找到自己，也從未與自己的真實對視過。[*10]

現代人並不自覺「自己已經迷失了」。最麻煩的，就是這種根本沒有察覺自己迷了路的人。他們會自信十足朝著荒唐離譜的方向前進，儼然走入了迷宮。看來，現代人是天生的「路痴」啊。

奧特加說，這種人從來不曾真正面對自己，也不曾正視自己的內心世界。我們必須察覺那彷彿莫名其妙被丟到一片陌生土地般的「焦慮」。奧特加認為，若不帶著這種「焦慮」活著，將無法開始任何行動。

奧特加在《大眾的反叛》裡，也直接地諷刺現代人：

無知的人人對自己毫不起疑，他們相信自己是所有人類中最精明的，因此他們帶著令人羨慕的心安理得，安住於自身的無知之中。[11]

「無知的人」當然就是指我們現代人，而「羨慕」則是諷刺。我們都有認為自己很正常、具有判斷力，懂得適當看待事物的一面。

現代人會懷疑別人「可能有問題」、「那麼做沒有意義」、「想法可能錯了」，卻從不這樣懷疑自己，所以才能心安理得地度日。因此，奧特加才會用「利己主義」、「迷宮」、「不斷打轉」來形容吧。

反過來說，奧特加認為，當現代人停止「封閉式思考」的生活方式，就會失去冷靜、驚慌失措。確實，如果我們經常懷疑自己可能會為一些芝麻小事而做出愚蠢的行為，當然就沒有餘裕「保持冷靜」了。

*9 同前書。
*10 同前書。
*11 同前書。

奧特加並不是指「現代人迷了路，應當找回方向」，他的主張是一種似是而非的論點，認為如果要打破這個「封閉式思考」的迷宮，就要承認自己迷了路，認清自己已經迷失方向，並且與這種迷惘共處。

在現代社會裡，所有人都在迷途之中，但我們通常不願意承認。如果想要走出這座迷宮，就必須先覺察到迷茫而倉皇的自己。

我們都活得像喪屍電影裡出場即死的角色

至此，我們已經知道奧特加如何駁斥現代人，以及他期待的替代路線該怎麼走。重點在於，不要從自己迅速做出的判斷和想法中尋找「答案」或「解決之道」，而是要懷疑那個立即反應的自己。[*12]

經常有人用一副無所不知的嘴臉說：「你必須質疑常識」、「凡事不能盲從」，乍聽之下好像有幾分道理，但是會這麼說的人，通常根本不會先懷疑自己。用奧特加的觀點來說，這些不懷疑自己的人正是最麻煩的「迷途者」，更糟糕的是，周遭的人往往成為使他們深信「自己沒有迷失」的幫凶。我們應當懷疑的，並不是別人的常識，而是自己的常識。

前面引用關於羅馬軍隊的規定，也需要用上述的脈絡來解讀。請把「沉默」、「警覺」與「聆聽」當作象徵這種姿態的隱喻來理解。

凡是對自身存在秉持嚴肅態度，並充分負起責任的人，勢必都會感到某種不確定感，驅使他時刻保持警覺。羅馬軍隊為了防止哨兵被睡意席捲，命令他們保持將手指緊貼在嘴唇上的姿勢，確保他們毫不鬆懈。這種姿勢自有其價值所在，它似乎賦予了寂靜的夜晚更深的沉默，讓人更容易捕捉到即將發生的任何響動。*13

奧特加設法透過「沉默、警覺、聆聽」來描述的，是明白「自己並不完美，並經常帶著警醒之心」的人，他們會仔細觀察世界與他人的變化，擁有強烈但謹慎的好奇心。

有些人或許還是一頭霧水，那我就以喪屍電影來做個比喻（我還滿喜歡的）。喪

*12 這個論點，後續會與「消極能力」一詞共同討論。
*13 同前書。

屍電影裡經常有一些角色，信心十足地宣稱「我絕對不會死」，或是指責別人「你們這些傢伙會害死大家」，明明是自己害死人還「硬拗」，還有擅自判斷「在這裡紮營才安全」而隨地就寢。觀眾看到這種角色都會吐槽「喂，太離譜了吧」、「你別烏鴉嘴啊」，但是實際上，這些角色正是我們的寫照。

雖然這裡寫的是「我們」，不過我其實是想著「我自己就是如此」才寫下這段。身為筆者，我不能把自己屏除在外。我會像個引水人一般陪伴讀者前進，跟各位一起歷經風吹日曬。前面提到「蜂螫般一針見血」，這支針會連我也一起刺下去……不得不說，我有很多不堪回首的往事，或者說是可恥的過往，讓我定期感到被針刺痛般「呃啊」地發出慘叫，但還是得繼續活下去。*14 活得像喪屍電影裡的路人甲，實在令人難受啊。

言歸正傳，我們該怎麼做才能避免活得像喪屍電影裡的路人甲？答案是保持沉默並仔細聆聽，不要錯過任何細微的變化，不要相信世上有任何決策是萬無一失的，不要以為自己不會出事，不要輕易下判斷和決定。要與其他人互相扶持，不斷保持警覺，除此之外別無他法。就像在大部分的喪屍電影裡，主角群在焦慮中仍然持續抱持警惕的姿態。

我想，這些說明已經表達出奧特加「沉默、警覺、聆聽」的概念。也可以說，當我們失去對世界和他人的關心、忘記批判自己的思想與判斷時，就等同於活得像喪屍電影裡馬上就沒戲唱的角色一樣愚昧。所以，奧特加所說的「懷疑自己」並不是多麼困難的事，只要我們（在受到任何外界批評以前）先捫心自問：我是不是活得像喪屍電影裡出場即死的角色？

抖腳、轉筆、滑短影音：「單調、重複、立即滿足」的陷阱

前面已經談完「我們如何自我逃避」與「看清自己逃避的模樣」。奧特加的說法是，最麻煩的迷途者正是不願面對自己，以為只有自己沒有迷失方向的人。我們理所當然地懷疑自己以外的事物，做出自以為是的判斷，卻唯獨疏於懷疑旁若無人的自己。在這方面，我們的確表現出不折不扣的自我逃避。

到目前為止，各位應該已大致掌握奧特加想要表達的意思。不過，他的說法跟現代生活多少有點距離，所以我們先把目光轉向另一個話題。

*14 我曾在拙作《鶴見俊輔の言葉と倫理》（人文書院）的後記中自我揭露，可以從中窺之一二。很遺憾，我並非完美無瑕的人。

尼采說「你們都喜歡粗活，喜歡快速、新奇與未知的事物」。確實，我們的生活裡充斥著「粗活」。將「粗活」這個詞解讀成「繁重的工作」也無妨，從我們的生活與娛樂環境來思考，應該會比較容易理解。

搭車移動或通勤時、開會、剛睡醒、煮飯時，或是上廁所跟泡澡時，我們隨時都能接觸到無數的影像、圖畫、聲音、文字等媒體化內容，因為我們人手一台手機或平板電腦這類攜帶式的多工處理器。[*15]

螢幕上自動播放著現正熱門的Netflix新劇預告片，同時以耳機收聽實況主深夜直播的網路存檔，一邊用手機修圖再傳送給朋友，同時，稍早設定好的「全自動家電」傳來陣陣滷肉的香氣。在這段時間內，剛才用手機購買的電子書正在背景下載，電腦上的Discord軟體則與其他朋友通話中。

這種生活並不稀奇吧？我們同時進行的這些瑣碎工作，不就是「粗活」嗎？我們甚至沒有察覺，這些工作都在同時進行。我們對每一項內容與溝通的參與程度變得非常淺薄，為了配合這種習慣，消費環境也隨之最佳化，達到不需要基本知識也能輕鬆消費、迅速獲得滿足。[*16]

將在第五章頻繁登場的哲學家馬克．費雪（Mark Fisher），就針對這種資訊環境的變化，提出一段還滿不賴的見解。他認為，我們過度沉浸在無數的感官刺激和溝通交流中，一旦離開這道刺激的漩渦，就會感到「好閒、好討厭、好無聊」。

（現代人的）無聊，僅僅意味著脫離網路訊息、YouTube與速食文化構成的交流感官刺激矩陣，短暫地被剝奪了按需求供給的甜蜜滿足感。[17]

費雪提出的情境稍嫌局限，讓我們進一步擴大思考範圍。面對每天高壓的日常，我們會發現轉筆、玩頭髮或捏破氣泡紙等行為意外地令人暢快。我們透過這種不斷重複、節奏單一的行為，尋求心理的平衡。精神分析學家湯瑪斯・奧格登（Thomas Ogden）將這類藉由肌膚感官刺激來調節內在，為自己的體驗找到定位的心理狀態，稱作「自閉—毗連心理位置（Autistic-Contiguous Position）」。[18] 可以理解成人透過單一的感覺或節奏來獲得安定感。

---

*15 安柏・凱斯（Amber Case）在著作《平靜科技：不擾人的設計原則與模式》（Calm Technology）中，預想了繼隨時隨地都能連線的「普及計算」時代之後，將會是一人擁有多台裝置，且裝置可互相連線的時代。本書也考慮了相同的狀況，並以手機作為代表，稱之為「手機時代」。

*16 關於多工處理化的內容消費，在〈消費者が求める「体験」の再編集：ネタバレを避ける人と求める人〉（《中央公論》二〇二二年八月號）裡有詳細的論述。網路上亦可讀到部分內文。

*17 Capitalist Realism, Mark Fisher, Zero Books, 2009, p.24.

除了前面舉的例子以外，抖腳、擠青春痘、反覆玩已通關的手機遊戲時單調地操作動作，也都是人處在「自閉—毗連心理位置」時常採取的感官刺激。TikTok上長度固定、節奏相似的短影音，YouTube上的推薦影片，互相傳送的LINE貼圖，同溫層之間開玩笑的共同語言，都是相同的道理。

我們渴望沉浸在節奏重複且固定、立即可得、感覺單純的溝通與交流中。而現代的消費環境，正是為了迎合我們這樣的需求而發展出來的。

為何「複雜難解、難以消化」的情緒很重要

現代社會之所以愈來愈傾向藉由明確的感官刺激來恢復內心平靜，也就是習慣處於「自閉—毗連心理位置」，固然有其社會背景，例如要求不斷變化和成長的社會（＝後福特主義），及其他相應的理由（第五章會談論後福特主義，這裡就先不贅述）。

不過，我希望各位關注的並不是「自閉—毗連心理位置」這種概念興起的來由，而是這個事實：那些與「明確、節奏固定」的刺激相去甚遠的事物，正被我們拋在腦後。換言之，我們逐漸冷落那些需要時間才能帶來滿足感的事物、未必能有實質利益、需要多方學習才能理解的內容，以及精神與時間成本很高的體驗。相反

地，愈是無需背景知識就能引起共鳴，讓人輕鬆喊出「好讚！好強！好帥！」的事物，愈容易成為風潮，逐漸占據社會的焦點。

邊吃垃圾食物邊沒完沒了地打著《Apex》*19，一有空檔就看一下TikTok，像這種透過預料中的、誇張而單純的刺激創造安心感的生活，當然無可厚非。實際上，我自己在精疲力盡地下班回家後，也想要浸淫在這些簡單的刺激裡，而不是需要仔細觀察、探究或鑑賞的飲食與娛樂。所以，即使這種由即時、緊湊的刺激構成的淺薄娛樂及消費理當被我們否決，我卻覺得否定也無濟於事。

不過，我也認為我們應該關注一件事，那就是處在「自閉—毗連心理位置」這種心理狀態，其實正引發一些有趣的問題。當整個社會習慣了固定節奏、緊湊又誇大的刺激，連那些通常需要時間「消化」的事物，也會被當作同樣的速食式刺激來

---

*18 Subjects of Analysis, Thomas H. Ogden, Jason Aronson, 1977.
順便一提，「自閉—毗連心理位置（Autistic-Contiguous Position）」是透過嬰幼兒與自閉症患者的臨床觀察所形成的概念，其中「接觸」一詞意指觸摸表面的經驗。
但是，這個概念並不僅限於特定發展階段或自閉症患者，而是可以用來描述任何人都可能經歷的狀態。詳情請參照本章末的專欄。

*19 由Respawn Entertainment開發的《Apex 英雄》，是一款評價很高的FPS遊戲（第一人稱射擊遊戲），每一局遊戲的時間都很短。順便一提，任天堂的《斯普拉遁系列》，一局的時間更短。

處理。費雪也確切指出這個問題：

> 有些學生渴望尼采的哲學，就像他們渴望一份漢堡。但他們無法理解的是，那些難以消化、難以掌握的特質，正是尼采的本質，而消費者的理論卻加深了這種誤解。[*20]

學習尼采的思想，被當成將速食吞下肚，或上傳短影音到TikTok一樣的行為。這個現象當然不僅限於尼采。我們可以進一步擴大思考這個話題。人們在品味文學或電影、接觸學問，或者是培養友情或愛情的基礎時，都出現同樣的傾向。必定有人對故事、學問、人際關係的期待，全都像「花幾分鐘吃完一個漢堡」一般，是由預期內、迅速可得、好吞嚥的刺激構成。

比方說，最近的漫畫與小說，多半都是描述主從關係、階級制度或奴隸契約這類極端不對等的關係，沒有任何衝突對立或掙扎，這樣才能緊湊快速地推進故事，滿足讀者的期待，而故事中的人際關係變得像資訊量低落的TikTok一樣簡單。首先是「異世界」的背景，再運用俠義精神、年齡差距、遊戲式的「技能」、契約、軍隊、誇張的校園階級等五花八門的設定來組合，以達到相同的目的。[*21] 我再重複一次，否定也無濟於事。我自己也確實會嚮往這種單純的關係。

日本哲學家東浩紀談到商管書籍的教養風潮時，也說了與費雪十分相似的話：

> 這些強調教養與學習有多重要的人，只是在鼓吹大家玩「猜前奏」的遊戲罷了。他們認為，一聽前奏就能猜出歌名，就是教養、是培養知識的方法。但真正的教養，應該是將音樂融入生活。

這段話的意思是，近年的教養風潮當中，教養被定位成可以「即時處理完畢」的刺激和娛樂。

如果想要找回質疑自我的能力，就必須承認自己無法避免這種傾向。實際上，這麼做也算是對自己進行了某種程度的批判。因此，我介紹了費雪如何強調「難以消化」、「難以掌握」的重要性，以及東浩紀談論與無法立即消化的事物共處的樂趣。

大多數人應該都同意：「投入那些無法輕易理解的事物，的確有其意義。」就

*20 Capitalist Realism, Mark Fisher, Zero Books, 2009, p.24.

*21 相關論點也可以參照〈コンテンツの内と外は不可分に 異世界系ウェヴ小説と『透明な言葉』の時代〉（《中央公論》二〇二二年二月號）。

像醫生建議我們要運動一樣，令人無法反駁。

但即使暫且同意，我們真的能做到嗎？那些模糊又複雜難懂、無法馬上理解、甚至像消化不良般長時間「卡」在心裡的經驗，實在是令人疲憊，對吧？那麼，為什麼「難以消化」、「難以理解」仍然如此重要？

思考這個問題時，各位可以參考小說家黑井千次的說法。黑井在某家報社的聚會上，看到某個人在現場一一為眾人解惑，她觀察了對方的言行舉止，寫下這段文字：

> 話雖如此，我還是不得不重新思索：疑惑或疑問，似乎還是別輕易得到解答比較好吧。那些未解之謎，難道不會在人的懷抱之中，透過體溫餵養長大、成熟，孕育成更豐富的疑惑嗎？我不禁覺得，那些在不同情況下日益深奧的疑惑，反而蘊藏了遠比淺顯的答案更珍貴的內涵。*22

這段話的核心，是懷疑那個想用經驗法則即時獲取解答的自己。無法簡單消化的東西，就讓它保持消化不良的狀態。別急於理解，與其簡化問題，不如讓疑惑繼續存在。黑井的期待，就是別將晦澀、複雜的事物簡化後隨意歸類，而是將它們溫柔地捧在手心，最終，我們才能與那「珍貴的內涵」相遇。

「糾結」的情緒能帶來心靈養分——東畑開人的觀點

臨床心理師與醫療人類學家東畑開人，用更簡潔的方式表達了黑井以情感豐富的文筆寫下的論點。東畑將處理情感跟經驗的方式，區分成「舒暢」與「糾結」，並指出當代社會是個不利於「糾結」、由「舒暢」掌權的時代。

當然，舒暢很重要。面對壓力時，暴飲暴食、大發牢騷、去KTV歡唱或瘋狂購物，沉溺在緊湊的感官刺激中安撫心情，這些快速紓解壓力、令人舒暢的行為，都有利維持日常生活。

但東畑也指出，如果所有事情都追求「舒暢」，讓一切都迅速解決、轉入下一件事，其實反而會讓生活更加煎熬。實際上，我們需要那些無法輕易釐清的「糾

*22 〈随想：知り過ぎた人〉《學士會会報》no.912。黑井千次。二〇一五，65頁。

結」。東畑以自己的糾結理論，呼應了費雪所謂的「消化不良」及「晦澀」的概念。

我們來看看東畑的具體說法：

恩師給的逆耳建議，如果一股腦兒地拋到腦後，那就太可惜了。那些話或許會令你感到受傷，但如果能認真糾結一番，說不定會帶來成長。〔……〕「舒暢」不只會排除老廢物質，還會將苦口良藥一起排泄掉。那些原本能成為人生中養分的物質，就這樣流進了下水道。〔……〕人際關係如果處理得太乾淨，人反而會感到孤獨；一味地做自己，內心將會變得貧瘠。心靈過於簡化，就容不下餘裕。「舒暢」雖能守護心靈，但在某些時刻、某些狀況下，反而會損害我們的心靈。[*23]

當然，這段話並不是指「反正糾結就對了！」東畑主張的是要根據狀況、場合與自己的心理狀態，適當運用「舒暢」與「糾結」的情緒。[*24]

我不確定各位是否能理解這個例子，不過，應該沒有人可以斷言「我這輩子只看尚盧・高達（Jean-Luc Godard）和大衛・林區（David Lynch）拍的電影就夠了」，對吧？雖然這兩位大導演的作品類型和風格完全不同，卻都以拍攝架構和情節難以解釋而聞名。一輩子只看這種類型的電影未免也太累了。我們偶爾也會想看那些角色一言不合就開火掃射，或是單純擊退怪獸的外國影集，舒暢地結束一天，有時更是只想看一些不用動腦的YouTube影片或綜藝節目。

即使如此，觀看高達和林區這類無法馬上理解、會帶來疑問和過多負荷的作品，確實可以豐富我們的生活。心中沒有疑問的人，很難在生活中獲得新發現。因此，糾結才顯得珍貴（姑且補充一下，我並不是要各位去看高達或林區的電影，只是用他們來比喻「糾結也很重要」）。

再次強調，就如東畑開人和馬克・費雪所言，現代社會傾向排斥令人不痛快的「糾結」、「消化不良」與「晦澀」，人們常因為「無聊」、「不好玩」、「沒有共鳴」、「好累」等理由，迴避沒有明確答案或解釋的狀態。既然如此，我們就有

*23 東畑開人。什麼都找得到的夜晚，只是找不到我的心（なんでも見つかる夜に、こころだけが見つからない）。

*24 東畑的說法雖然平易近人，但他的論點其實是基於抽象且高語境的背景。其中一個基礎是北山修的《新版 心の消化と排出》（作品社，二〇一八）。北山在這本書中十分重視佛洛伊德提出的身體隱喻（具體上就是「消化」與「排泄」），並嘗試將其重新建構成日語語境下的臨床精神分析理論。

必要主動思考：如何接受這些令人消化不良的事物？

手機時代的哲學生存術：學會與糾結共處

在試圖了解某件事時，不輕易認為自己已經懂了；持續推敲思索、調查，才是最重要的，大家或許已經明白這一點。但是，這等於是讓吸收的東西停留在消化不良的狀態，多少會造成負擔，又很麻煩。整天只能看高深莫測的大師電影，人生好難。

那麼，我們是否只該待在自己能夠掌握、接受及理解的範圍內學習、行動、判斷、發言跟思考？倒也不是。這就像奧特加批判「一窩蜂高談闊論，無意聆聽別人」的生活方式，會使我們過度封閉自己，對他人與世界失去好奇心。沒有人想要活得像喪屍電影裡那些下場慘不忍睹的角色，對吧？

回頭看前言中引用的尼采文章，應該能理解，那些字句講述的是我們周旋在令人舒暢的、明快的活動與刺激之中，並且拚命擺脫那些難以釐清的不適感。

> 活著之於你們，無異是一件永無憩息的粗活，因為不安，所以你們

> 才對活著感到厭煩，不是嗎？（……）你們都喜歡粗活，喜歡快速、新奇與未知的事物——你們受夠了自己，你們的拚命工作只是一種自我逃避。

到這裡，總算是準備好說明本書的寫作動機了。真是好不容易啊。我無意讓那些自認無所不知的人開心地拾人牙慧，四處宣揚「糾結果然很重要！」「珍惜那些無法理解的事物」，這些「老生常談」早已散見於部落格或網路文章。所以，這並不是終點，我們必須繼續前進。

了解「糾結很重要」，是我們往前邁進的起點。此刻的你就像是剛下飛機、拿到行李，但還沒走出機場。而確認「消化不良的事物也值得重視」，就像是確認了自己的目的地。也就是說，第一章只是以「前言」引用的尼采文章作為楔子，將我們的疑問（準備討論的方向）用言語細膩地表達出來，而旅程的重頭戲才正要開始。

在充斥著即時感官刺激與溝通交流的狀況下，我們該如何在生活中找回「消化不良」、「晦澀」、「糾結」這些耗費時間與心神的事物？這麼做又能帶來什麼好處？有什麼具體可行的方法？剩下的章節，會根據我們所處的技術、社會與經濟條件出發，思索這些疑問。而這一切都與「孤獨」（以及「嗜好」）有關，詳細內容就留待後續再談。

踏上哲學的「冒險」：向《哈利波特》學習

我衷心相信奧特加是至今仍值得回顧的重要思想家，不過，我認為他論及「迷失的自覺」時使用的修辭，有點太嚴肅了。懷疑「也許迷路的是我自己」，未必只是一段令人焦慮與緊張的痛苦經驗。

引用我最欣賞的作家蕾貝嘉．索尼特（Rebecca Solnit）的話，本書或許可以說是我個人版本的「迷路實地指南」。*25 這是一本讓人自知已經迷路，卻執意前行、享受緊張懸疑的戶外行動手冊兼旅遊導覽。

我們不妨先告別奧特加，到蕾貝嘉那裡去。試著把「懷疑自己迷路了」這件事，當作是一段宛如冒險小說的經驗。請各位想像冒險小說即將開始時，主角那夾雜著焦慮與期待的雀躍之情。他敏感地感知即將席捲自己的變化。那正是我們此刻的心境。

這種感覺也像是帶著緊張感的好奇心，我們或許可以用J．K．羅琳（J. K. Rowling）的《哈利波特》系列來想像。哈利波特第一次來到霍格華茲學院時，根本不知道該去哪、怎麼去，就像迷路一樣，但他並沒有感到「好累」、「好煩」或

「糟透了」。他既焦慮又期待的模樣，完全表現出一個男孩在故事即將啟動的瞬間，滿心雀躍的狀態。

這裡值得注意的是哈利的朋友榮恩．衛斯理。哈利之所以能夠放心踏上那段前往陌生國度的旅途，或許是因為榮恩就在身旁。各位在接觸哲學的過程中，面對「消化不良」與「晦澀」的時候，大概都會受到難以言喻的不安、無聊或擔憂折磨。不過請放心，有我這個導遊陪著你。

這只不過是一趟走向「哲學」這片未知大地的小小冒險而已。雖然，你偶爾會在路途上聽到一些「語氣滿嗆的」話，或是讓人有些心驚膽顫的解說，也可能會被犀利的話語刺中，但我們前往的並不是《鏈鋸人》或《進擊的巨人》那種無情殺戮的世界。這只是一趟由我帶路的小旅行而已。盡情享受迷路吧！這段期間，就請各位多多包涵了。

*25 蕾貝嘉．索尼特有一本著作名為《A Field Guide to Getting Lost》，暫譯為「迷路實地指南」。

專欄

大眾社會理論、媒體理論與客體關係理論

在每一章的結尾，我都寫了一篇後設性的解說專欄，說明那一章的內容在整個「哲學」領域中的定位。由於內容涉及部分學術性的討論，初學者或入門者可能會看得一頭霧水（不過，讀完本書、累積知識後再回來讀，應該就能感受到「「啊，原來是這麼回事啊」」）。就算看不懂也沒關係，可以用「順手拾起關鍵字」的心態來閱讀，暫時將疑問收進心裡擱著也無妨。

首先，在本章的開頭，我引用的是大眾社會理論與消費社會理論的見解。近代社會發展出「城市」這種新的空間，將來自不同背景、擁有不同習慣的群眾結合在一起，形成集體生活的聚落。而隨之出現的，就是所謂的「大眾消費社會」。相關的著作包括沃爾特・李普曼（Walter Lippmann）的《公眾與論》（Public Opinion）、約翰・杜威（John Dewey）的《公眾及其問題》（The Public and its Problems）、大衛・理斯曼（David Riesman）

的《孤獨的人群》（The Lonely Crowd）。此外，尼采、海德格（Martin Heidegger）和奧特加等哲學家也能列入這個系譜。

另外，那些談論「感官刺激」、「多工處理」跟「使用手機」等的段落，則是以媒體理論為基礎。媒體理論的基本觀點是：資訊環境會影響我們的知覺與想像力。這個觀點可以追溯到麥克魯漢（Marshall McLuhan）、丹尼爾・布爾斯汀（Daniel J. Boorstin）等人的討論。

說穿了，本章基於大眾消費社會理論與媒體理論出發的內容，可以當作是將我個人著作《信仰與想像力的哲學：約翰・杜威與美國哲學的系譜》（暫譯，勁草書房）裡的部分內容，用不同的角度重新講述。

本章後半段出現的「心理位置（position）」一詞，是精神分析學領域中客體關係理論的概念，指的是個體的心智狀態或態度。常見的例子包括「偏執—分裂心理位置（paranoid-schizoid position）」、「憂鬱心理位置（depressive position）」、「自閉—毗連心理位置（Autistic-Contiguous Position）」等。偏執—分裂心理位置，是一種傾向以二分法將人事物清楚區分成「好」或「壞」的心理狀態；而憂鬱心理位置則是比較能接受人際關係中模糊灰色地帶的心理狀態。

心理位置並非像發展階段或人格特質那樣的固定狀態。例如，一個人平常可能處於憂鬱心理位置，但在工作忙碌、失去餘裕時，可能會轉換到偏執—分裂心理位置。請把心理位置理解成因應狀況和時期切換的心理狀態。因此，我在這一章裡指出：隨著媒體環境的變化，整個社會也構築出讓人更容易處於自閉－毗連心理位置的環境。

概括來說，本章的作用或許可看作是結合大眾社會理論、媒體理論與精神分析學，並以接近社會性格理論的觀點進行全新的詮釋。

第 2 章

本書的挑戰，是運用哲學的觀點，來探究前一章已經浮現成形的「手機時代的課題」。

話說回來，「哲學」究竟是什麼？是像大家印象中的那樣「獨自苦思冥想」嗎？這樣的思考，難道不會有漏洞嗎？

這一章會回答這個疑問，介紹在學習「哲學」乃至思考問題時可以隨時派上用場的觀點，幫助我們做好邁向「未知大地」的行前準備。

哲學不是
一個人苦思
——不懂這些，
別說你懂哲學

哲學不等於獨立思考？

在我們生活的時代，不需要花時間，也不需要知識和努力，隨時都能接觸到感官刺激和溝通回饋，並獲得滿足感。在這種狀況下，我們該如何保留時間去面對「消化不良」和「糾結」這些逐漸被遺忘的事物？難道就沒有什麼具體又實際的辦法嗎？

這就是本書要提出的問題。而在處理這個問題時，我們必須參考哲學。想當然爾，大家一定會問「但哲學到底是什麼？」這個問題實在無法略過不談。因此，本章就要來回答這個疑問。

有些人在知道我是哲學家後，會這麼問：

我覺得哲學就是靠自己思考。既然獨立思考就等於哲學，那還有什麼需要學習的？

這話聽起來好像滿合理的。實際上，也的確曾有哲學書寫過「哲學就是獨立思考」。

不僅如此，「獨立思考」這個說法，在社會上似乎也成了一件值得嘉獎的事。我們從小在家庭、學校、企業或是各種場景，都不斷被教育要「獨立思考」，或許還會要求別人這麼做。

「說說你的想法」、「不要挪用別人的觀點，我想知道的是你自己的看法」、「接下來就看各人的美感了」、「未來前景不佳，更需要鍛鍊思考能力」、「終究要看誰有獨立思考的能力」，這些話都重複著同樣的觀念。

不過，「靠自己思考」到底是什麼意思？這麼說來，又有誰能作出定義？而且，我們真的明白自己是如何思考的嗎？「靠自己思考」是為了得到什麼？「靠自己思考」有什麼值得開心的？說到底，我們真的渴望靠自己思考嗎？

哲學家也會看 Netflix、穿馬汀鞋

讓我重新介紹自己：我是哲學家谷川嘉浩。你是不是有些抗拒接近我？這也難怪，如果在車站前的路口，出現自稱是「哲學家」的人，最好別靠近他。畢竟，聽起來就很可疑。我也在寫下「我是哲學家」這句話之後，覺得這幾個字真是刺眼啊。

不過，請先容我補充一下。這裡所謂的「哲學」，跟那些令人「羨慕嫉妒恨」的大老闆口中「我們公司的哲學……」，或是難搞的拉麵店貼出的店家公告上所寫的「哲學」，完全不同。這裡指的是正經的「學術哲學」。我是在大學取得博士學位的專業人士，是名符其實的職業哲學家。

但是，各位可不要以為哲學家有多麼超凡脫俗。哲學家不是不食人間煙火的仙人，也不像奇異博士（©MARVEL）一樣會施展法術。我沒有去過西藏修行，也不曾像《接下來是倫理課》的主角一樣，在轉身離去之際都要引用一句名言。我不會二十四小時都在思考難題，也不會隨時把哲學概念套用到任何話題上自我陶醉。

說穿了，我就是個普通人。我住在京都，家裡有隻貓，平常會把Netflix和Disney＋上的動畫跟戲劇「看好看滿」，每週還會錄影收看電視節目「閒聊007」跟「紀實72小時」，以及其他動畫與連續劇。某次看到一個朋友穿了白車縫線八孔馬汀靴覺得太可愛，忍不住跟著買了同款鞋子。早上起床不先喝咖啡，就會睏倦到傍晚。我還很喜歡買衣服，跟久違的熟人見面第一句話會先聊天氣，流出來的血是紅色的。該怎麼說，我就是這麼普通。

但是，哲學家確實算是珍奇異獸。應該很少人會在街上撞見哲學家，或是隨便走進一家酒吧，剛好坐在哲學家旁邊，還跟對方聊得意氣相投吧。博物館和動物園裡並沒有展示哲學家（當然水族館也沒有）。[*26] 上過大學的人或許曾在教室裡見過哲學老師，但實際上認識哲學家的人應該不多。

那麼，進入正題，身為專業哲學家，我認為「哲學就是獨立思考」的想法未免太過天真。接下來，我們就用批判性的眼光來看待「獨立思考」這件事。而解答的過程，也會回答在這一章開頭提出的疑問。

當獨立思考淪為平凡與荒謬的製造機

要理解「為什麼『獨立思考』很危險」，必須要先搞清楚什麼是「獨立思考」。同樣的道理，如果有人問你「熊貓英雄為什麼那麼壯？」你必須要先知道熊貓英雄是誰，才能回答「壯一點才好吧」。

不過，這個問題其實一點都不難。因為我們每個人都曾「獨立思考」過。應該沒有人會堅持「我從來沒有用自己的頭腦思考過！」對吧？這就是我們進一步思考的線索。

*26 我寫完以後才想到有個例外。提出效益主義的哲學家邊沁（Jeremy Bentham），死後的遺體標本就公開展示在倫敦大學學院（UCL）裡，實在是太驚人了。

請容我問大家一個問題：有多少人曾在「獨立思考」後，得出非常天馬行空或充滿獨創性的結論？無論是寫報告或畢業論文、企劃書、會議上的發言、對新聞的看法或感想、透過「人生教練」所獲得的體悟，什麼情況都可以。在繼續往下閱讀前，請你先花三十秒，閉上眼睛回想自己過去思考後的結果。

大部分的狀況，應該都是「普通」、「馬馬虎虎」、「不值得一提」，甚至根本不記得自己思考過什麼。「獨立思考」的結果，多半是相當平凡又常見的意見或想法。

花了好幾天、好幾個月絞盡腦汁，最後想到的淨是些陳腔濫調、早已被實踐過的構想、誰都能想出的點子，或者是某些觀點的拙劣模仿，這種情況應該不只發生過一兩次吧？靠自己深思熟慮，就算能夠想通某些問題核心，得到的結果往往也都是別人做過的事，或是專家花幾分鐘就能理解的資訊。

獨力思考之所以淪為「產出平凡的想法」，是因為我們只是重新提出自己既有的觀點（＝成見）罷了。照理說，我們應該要仔細觀察未知的情況再處理問題，結果卻只是將自己內心早有的定見當作「結論」或「意見」提出來（請各位回想一下奧特加的理論）。

如果只是輸出平凡又陳腐的想法，倒也無傷大雅。但是仔細想想，許多引發大眾集體砲轟的事件或違法行為，都是出自當事人「獨立思考」後推出的企劃、做出的判斷或努力的結果。

這說明了一件事：無論是有問題的企劃、基於正義或道理做出的判斷、隱匿霸凌或騷擾事件，都可以認真看作是「獨立思考」一番後得出的結論。不論決策再怎麼粗糙、判斷標準不合乎社會倫理常識、結果再怎麼平凡陳腐，也都確實是我們獨自思考的結果。

從這個角度來看，將「是否獨立思考」視為核心問題的人，其實忽略了更重要的事：我們是如何思考的？我們是為了什麼而思考？我們思考是為了得到什麼？

再說，就連陰謀論者之流，也是認真思考、調查的人。匿名者Q[*27]、反疫苗派陰謀論者所採用的理論，都是由具有一定複雜性的資訊拼湊而成的。他們結合多件毫無關聯的事件、神祕學式的想像，以及帶有論證和科學氣息的跳躍式說明，宣稱「那件事與這件事有關，背後是由某某計劃和陰謀在主導；某人對抗某個東西，於是……」像這樣跳脫眾人的常識和專家的解釋，「依自己的方式思考」，從網路

*27 匿名者Q（QAnon）是源於2017年網路匿名論壇的極右翼陰謀論，聲稱美國存在反對川普的深層政府。其支持者被視為狂熱陰謀論者，但普遍被認為毫無證據。

上抓取資訊並加以拼湊，不斷堆疊出光怪陸離的想像。當然，這類推論本身十分簡單，但陰謀論的確具有「獨立思考的結果」這一面。*28

從這些例子可以看出，「有沒有獨立思考」根本無關緊要，這並不是問題的本質。對於一味推崇「獨立思考」的社會傾向，我們必須察覺其中的危險。

管他是不是「獨立」思考，思考的「深度」才是重點

其實，群體一起思考時也會發生類似的情況。大家以為自己已經集思廣益，結果經常只是一起創造出一些糟糕的點子罷了。很多企劃在專案初期都是採取某些形態的腦力激盪法，這確實可以產生許多點子，當中包括好點子，但也混入了與好點子等量甚至更多的壞點子。

任誰都不希望被貼上「難相處」的標籤，也不可能想主動體驗「被排擠」的感覺。所以，就算是糟糕的點子，我們多半還是會表現出贊同。到了這一步，壞點子就有機會組織成形、變成慘不忍睹的企劃。

簡單來說，就算是群體，「是否獨力思考」依然不是問題的本質。問題的核心在於，我們只用自己的方式思考，以為自己思考過了就因此滿足。

我們必須認清一件事：自己並不是天才。老實說，大多數人都活得像喪屍電影裡出場即死的路人甲。身為如此不可靠的角色，與其堅持獨力思考，不如開始關注更重要的事情。

那麼，除了靠自己思考以外，我們還能做什麼？我們再來請教一下古羅馬哲學家愛比克泰德吧！他告訴學生：我們需要注意思考和討論的進行方式是否暗藏危險，就像走路時要注意腳邊是否有危險物品一樣。[*29] 根據這個觀點，我們需要聚焦的，應該是這樣的自我懷疑：「要怎麼做，才能對自己的思考保持警覺？」

也就是說，我們要對「我能靠自己做什麼」這種獨立思考的想法抱持懷疑，並對自己的思考保持警覺。比起「靠自己思考」，我更建議大家「靠別人思考」。換句話說，就是「借用別人的想像力」。我們就先跳過說明，直接進入討論吧。

---

*28 社會學家筒井淳也在解釋社會為何複雜難懂時，對陰謀論的探討相當富有深意。（『社会を知るためには』ちくまプリマー新書）。另外，我近期即將在櫻花舍出版的新書（朱喜哲さん．杉谷和哉さんとの座談本）裡，也會談及陰謀論。

*29 愛比克泰德。人生談義 下卷。

思考也需要專業技術：「學習哲學」與「探索森林」的異曲同工之妙

愛比克泰德將思考比喻為走路，提醒我們要像行走時小心注意自己的步伐般，對自己的思考方式有所警覺。他所提倡的「行走方式」，近似於社會人類學家提姆・英格德（Tim Ingold）提倡的「徒步旅行（wayfaring）」。「徒步旅行」不同於前往目的地的「交通」，而是注重過程和路線的行走方式[30]，是一個很吸引人的隱喻。

我們再來看另一個隱喻。十九世紀的教育家約瑟夫・賈寇托（Joseph Jacotot）曾帶領學生探索連他自己也不熟悉的領域（就像人生教練一樣呢）。哲學家賈克・洪席耶（Jacques Rancière）將賈寇托的極端嘗試，比喻為引領學生踏進全貌不明、不見出口方位的「森林」。[31] 那些應當處理的問題和疑惑，都像未知的「森林」一般。

將這兩個隱喻結合起來，就能看出：探究未知的事物，有如走在不曾造訪過的森林裡一樣。因此，雖然有點詭異，不過請你想像自己一眨眼就來到一片陌生的森林裡，就像《漂流教室》的劇情一樣。場景頓時翻轉，一回神才發現自己置身於森林中。這個時候，你該怎麼辦？

如果你是具備關於野生動物知識的野外生態學家或森林管理員（保護森林和生態系統的管理員），應該能在陌生的森林裡取得各式各樣的線索。或許在地上發現動物留下的痕跡，就能知道是哪種動物所留下，甚至可以推測牠在那裡做了什麼。這些線索有助於得知「野生動物經常在這裡築巢」之類的風險，也可以用來掌握水源的位置。也許你還能根據植被和植物的種類，推測出自己所在的地區，從植物的傾斜角度找出太陽的方位等等。

然而，如果你只是普通上班族或學生，應該很難用既有的知識和想像力，來獲取相同的資訊。即使獲得森林管理員使用的工具，大概也不知道用法跟用途吧？在這種狀況下，外行人拚盡全力又有什麼用？

這個比喻告訴我們，走在森林裡，光靠精神喊話和臨時抱佛腳是沒用的。我們就算用「聽前奏猜歌名」的心態，帶著應急的知識和工具，也無計可施。但專家可以用他們各自的方法，在森林裡取得線索、加以活用。

生態學家和森林管理員，與外行人之間有著不容忽視的差異。因為他們非常熟

---

*30 英格德的移動理論彙整如下。谷川嘉浩〈ゲームはどのような移動を与えてくれるのか：マノヴィッチとインゴルドによる移動の感性論〉《Replaying Japan》二卷，二〇二〇，165－175頁。

*31 Le Maître ignorant, Jacques Ranciere, Fayard, 2022.

悉該觀察森林的哪些地方（＝疑惑或問題）、該怎麼觀察、可以從中取得什麼線索，以及該如何解讀。想要像這些森林專家一樣，用踏實的腳步在思考的森林中前進，我們需要掌握什麼基本功呢？

哲學不是考試或猜謎：別再背答案，哲學要你學會「想像力」

我們所欠缺的、該向專家學習的事物，正是〈知識〉與〈想像力〉。〈知識〉指的是能用文字表現的資訊與事實，例如「狐狸身上大多寄生了包生絛蟲」、「奧特加是寫下《大眾的反叛》的西班牙哲學家」、「奧特加批判社現代充斥著不懂得懷疑自我的人」等等，這些知識都能轉換成一問一答的形式。

提倡教養和學習有多重要的人當中，也包括試圖販賣這類〈知識〉的人，像是「一問一答學會宗教教養」、「一本書讀懂社會學」，或是哲學入門關鍵字大全等諸如此類的工具書。當然，我們確實需要具備這種〈知識〉，這點毫無疑問。沒有〈知識〉就什麼也做不了，追求知識的人不可能會遭到輕蔑。

然而，只掌握瑣碎的資訊是不夠的。知識終歸只是入口。比方說，光是知道狐狸身上常見的寄生蟲名叫「包生條蟲」，一點用處也沒有（莫名其妙的是，不少人都知道包生條蟲這個詞，新聞中出現狐狸的話題時，社群網站上還有滿多人會反射性地提到包生條蟲之類的，真是不可思議）。

感染寄生蟲會發生什麼狀況？尤其是感染包生條蟲會有什麼危險？該怎麼避免感染包生條蟲？感染時的症狀是什麼？有什麼防止其他寄生蟲感染的方法？疑似感染寄生蟲時要如何確認？感染後該怎麼應對？生活中應該要防範哪些寄生蟲？這些才是重要的問題，對吧？忽略這些問題，一聽到「狐狸！」就立刻回答「包生條蟲！」並為自己擁有這些片段的知識而歡天喜地，雖然無傷大雅，但終究只是白費力氣。

尾田榮一郎的漫畫《航海王》裡有個強到不合理的角色叫作百獸海道。有趣的是，當某個角色不斷問他問題時，海道回答：「這世界才沒有單純到會因為那一問一答而轉動！」他的心態再恰當不過了。「狐狸身上有什麼寄生蟲？」「包生條蟲！」「奧特加提倡我們應該懷疑什麼？」「自己！」光是像猜謎一樣累積瑣碎的〈知識〉，一點用也沒有。

我們應該明白，所有〈知識〉都必須搭配它的用處跟用法一起學習。我將「知識的用處跟用法」稱作〈想像力〉。當我們向專家或哲學家學習如何思考時，不能只學到〈知識〉，還必須學會〈想像力〉才行。

這裡所謂的〈想像力〉，可以理解成「內隱知識」，類似於運用個別資訊的方法。也可以說，它是一種運用〈知識〉時的「心態」。例如，很多哲學家會使用相同的詞彙或概念，但他們的「心態」並不相同，因此那些概念所發揮的功能與作用也隨之改變。這就是我們必須注重〈想像力〉的原因。

順便一提，有些人閱讀了書籍評論或大綱後，就產生已經看完書的錯覺，這個問題也屬於同樣的範疇。我們無法從書評跟大綱中讀出知識的用處。所以，看完大綱就滿足的人，似乎只是把書籍當成一堆〈知識〉來對待，有意迴避去學習書中的〈想像力〉。

踏入哲學森林的生存裝備：以知識為地圖，想像力作指南針

我們必須重新認知到，無論身處在哪一片森林、面對什麼問題，我們通常無法掌握問題的全貌。從VUCA*、不穩定性、流動性、不確定性這類強調「前景渾沌」或「時代劇變」的詞彙日漸增加來看，應該無須再次重申：現代社會沒有唯一

解答。

因此，當下可說是一個「我們無法自行釐清應該做好哪些準備」的時代。如果有人一口咬定「我已經完全做好面對未來的準備」，那顯然是信口開河。風險正是因為無法預測才叫作「風險」，面對未來並沒有簡單的指南。如果真有「做了某件事就保證沒問題」這種只要熟記指南就萬無一失的方法，那人類也不會這麼煩惱了。

現實社會並不像到高中為止的學校教育一樣，只要背熟固定範圍的知識就能無往不利。這個世界並不會因為一問一答而轉動，也不是依據特定的技巧或思考技術所建構而成。我想大家應該已經隱約察覺這個事實，但我仍然想要再強調一次。

那麼，我們該怎麼在這片陌生的森林中前進？讓我借用一些帶點哲學性的詞彙來說明吧。在哲學中，我們把〈知識〉稱作knowing-that（知道如此），把〈想像力〉稱作knowing-how（知道如何），也可以分別譯為「事實知識」和「技藝知識」。探討這兩者關係的哲學家吉爾伯特・賴爾（Gilbert Ryle）認為，knowing-how

＊譯註：VUCA是指「不穩定（Volatile）」、「不確定（Uncertain）」、「複雜（Complex）」、「模糊（Ambiguous）」的狀態。

無法還原成knowing-that，但兩者密不可分。*32

由此我們可以學到兩件事。首先是前面提過的，光具備〈知識〉並不足夠（因為knowing-how無法還原成knowing-that），此外，也可以說「培養『想像力』時，不能輕忽『知識』的重要性，這兩者不可能拆開來學習」。如果沒有關於河、海、釣竿跟魚類生態的具體知識，只想要抽象地學會「釣魚的方法」，反而更困難。最好別妄想能撇開具體的〈知識〉，只學習方法、技巧或所謂的「思考法」。千萬別輕忽知識的獲取。

在這一節，我們了解到必須同時學習knowing-that（知識）與knowing-how（想像力）。實際上，只是單純記住「蕨類植物不會開花」的事實，或者只是在形式上效仿植物學家去比對相似植物的葉片差異，也無法幫助我們在森林裡暢行無阻。

生態學家跟森林管理員具備的〈知識〉與〈想像力〉，跟攝影師、園丁、和歌的創作者、測量技術士、社會學家或建築師所擁有的，完全不同。而專業的哲學家，可以利用哲學的學識累積，提出哲學家式「在森林裡徒步前進的技術」——那就是〈知識〉與〈想像力〉。這究竟是什麼樣的技術？讓我們繼續看下去吧。

學習哲學，就是「跟天才借腦袋」

話說回來，哲學究竟是什麼？如果不先搞清楚這一點，各位肯定會認為「哲學家具備哲學家式徒步森林的技術」這句話十分莫名其妙。那麼，哲學家究竟擁有什麼樣的〈知識〉與〈想像力〉？

哲學家阿爾弗雷德．諾斯．懷海德（Alfred North Whitehead）曾說，西方哲學傳統的特徵，不過是「一連串對柏拉圖所做的註腳」。意思是，哲學始於兩千五百年前柏拉圖發起的熱烈討論，並由歷代哲學家一路接力，持續更新至今。

我認為，進行哲學思考，就是參與這場由柏拉圖開啟的一系列對話。哲學不僅是思考，而是聆聽一群知識巨人的話語並加入他們的思考。

對於精通哲學的人而言，光是聽到「哲學（philosophy）」這個詞，就彷彿聽見從古希臘時代開始，經歷各個地區與時代、由各種語言累積而成的無數對話跟討論。哲學就是兩千五百年份的思索軌跡。如此持久的熱門話題，實在非常罕見，對吧？

*32 「《異國日記》連載於漫畫月刊《FEEL YOUNG》」。「捷泳是一種泳姿」屬於事實知識，「騎腳踏車的方法」、「捷泳的方法」屬於技藝知識，在哲學用語的話題上，本書的文章脈絡與賴爾的探討有諸多差異。本段引用的賴爾論文收錄於其著作《The Concept of Mind》（University of Chicago Press, 1949）。

說到底，我們並不是天才。或許比起身邊的人，你有那麼一點異想天開、能言善道，或是擅長調查跟整理重點，但光是這種程度，還算不上是天才。

不過，那些名留哲學史、著作讓人一讀再讀的哲學家，是無可挑剔的天才。他們不僅在同年代天才間的競爭中脫穎而出，還成功行銷自己的見解，讓自己的哲學理論成為「古典」，並幸運獲得為後世反覆閱讀的地位。[*33]

經過反覆雕琢的思考、歷經世代綿延不絕的對話，最終以書籍與論文的形式被記錄下來。這些「古典」，擁有足以讓人重複閱讀的魅力。這種魅力來自哪裡？我認為，哲學的魅力就在於「善用天才們解決問題的經驗」。

大多數人一聽到「哲學」，第一印象都是「有點難」、「太抽象」、「看不太懂」。身為研究哲學的人，我也有同感。但是，哲學家並不是毫無目的地思考抽象的問題。無論那些問題看起來多麼抽象，或即使哲學家聲稱自己多麼追求普遍性，其實所有哲學的討論都回答了當時最迫切的問題。如果能把哲學概念與理論，看作是當時社會課題的解決之道，應該就能以不同的眼光看待哲學。

古今的天才們，透過始於古希臘的哲學對話，不斷解決問題。在這兩千五百年來解決問題的過程中，他們提出了各種構想、實用的觀點及思考模式。如果我們觀察哲學家們是如何實際使用這些概念來解決問題，並跟著仿效，也許就能學會運用哲學思想。

身為凡人的我們，雖然無法成為像哲學一樣的天才，卻能徜徉在哲學的歷史中，借用哲學家的頭腦。我們可以「駭進」天才的視野，想像他們會在森林裡獲取什麼資訊、怎麼找出線索，以及如何前進。

與其靠自己的頭腦思考，不如學會借用別人的頭腦來思考。別兩手空空地踏進未知，而是要利用前人留下的線索進行思考。我希望大家能夠藉由這本書，體會到「運用別人的能力來思考」的樂趣和效益。

我在提及〈知識〉和〈想像力〉這兩個詞時，特別加上單書名號，是為了提醒這些詞在本書中有特別的定義。不過，這些標記看久了感覺很多餘，接下來將會省略。但它們的意義仍不變，請各位留意。

*33 遺憾的是，這些「古典」裡鮮少有女性、性少數族群、有色人種的著作，衡量是否屬於「古典」的條件並不公平。不過，也有學者嘗試將各種人物或書籍重新定位成「哲學的對話」。
The Philosopher Queens, Rebecca Buxton&Lisa Whiting, 2021. Black Cornel West, Prophetic Fire, 2015.

哲學不是自由發揮：亂解讀才是真亂來

讀到這裡，或許會有人同意道：「原來是要參考哲學家的知識和想像力來思考啊，懂了懂了！」但是，想要真正學會知識和想像力，其實相當困難。

大多數人在學習新事物時，很容易將所學的內容套進「自己已知的範圍」內，我也不例外。然而，不熟悉哲學的人，如果無意間落入「已知範圍」的理解框架裡，也就是以「自己的方式」去理解哲學，看似見解獨道，其實容易淪為單純的曲解。

請容我採用「概念」和「思考系統」來說明這種情況。我想要將知識與想像力的組合稱作「概念」。雖然「概念」給人頗具分量的感覺，不過各位可以把它當作「看事物的觀點」就好。

許多哲學家會將多個概念以自己獨特的方式組合，形成完整的思想樣貌。這種由概念構成的網絡關係，我稱之為「思考系統」，或簡單稱做「系統（體系）」。

以最著名的哲學家之一笛卡兒（René Descartes）為例，他的思考系統中有一個概念名叫「觀念」，大致的意思是「心中的印象」。但即便我們知道「觀念」的含意，仍會面臨一個難題：我們平常所說的「我的『心』中浮現某部漫畫的場景」，其中的「心」，與笛卡兒所說的「心（心靈）」是截然不同的意思。

我心中浮現的「漫畫場景」，正好符合笛卡兒所說的「觀念」。所謂的「觀念」，其實包含我們平常認為存在於「自己的內在之外」的事物，例如「物體」與「他者」，甚至是自己的身體。換句話說，所有透過感覺器官傳遞知覺給我們的外在對象，全部都是「觀念」。比方說，你現在閱讀的這行字，或是這行字的黑色，在我們直覺上都屬於「心外」之物，但是用笛卡兒的說法，它們全都是視網膜受到刺激後傳送到「我們心中」的「觀念」（存在於心靈中的東西）。[*34]

我想大家應該已經明白，除了「觀念」以外，笛卡兒對於「心靈」這個詞，同樣有他自己的解釋。圍繞著「心靈」這個概念（＝知識與想像力），「物體／身體」與「上帝」等概念相繼登場，排列出無數的組合，形成哲學家的思考系統。

如果忽略這些概念彼此之間的關聯，強行解讀哲學家的思想，就可能陷入「他哪有說過這種話？」的狀況。關於這一點，我們接下來還要進一步思考。

---

*34 觀念不只是感覺與印象，還包括能透過話語來表現與理解的事物。也就是說，笛卡兒所謂的「觀念」，相當於「概念」或話語的「意義」。當然，笛卡兒並不否定物體的存在。詳細的理論請自行參考入門書。關於笛卡兒的理論，推薦閱讀富田恭彥的《デカルト入門講義》（筑摩學藝文庫）。

當我們嘗試理解哲學：兩個常見的絆腳石

承襲前面的討論，「怎麼讀都讀不懂哲學書」的挫折，分成兩種原因。一種是使用與該哲學家不同的思考系統去理解他的概念。以前面的例子來說，就是自以為已經理解「觀念」的意涵，卻誤解了「心中」這個詞在哲學中的用法，這個例子應該很好理解吧。

關於思考系統的誤解，在學習多位哲學家的思想時經常發生。例如在一定程度上掌握笛卡兒的思想的人，試圖沿用笛卡兒的思想系統，理解古希臘哲學家柏拉圖的思想系統，就會陷入丈二金剛摸不著頭緒的狀態。

同樣地，如果看到一個剛開始打網球的人，只因為「我覺得桌球跟網球差不多」，就用桌球的打法來打網球（桌球的英語名稱，意思是桌上網球），你難道不會心想「雖然這是個人自由，但就算英文名稱都叫作網球，兩者還是有很多地方不一樣吧」？嘗試開發混合網球和桌球的新型比賽也許會很有趣，但前提是得對這兩種運動有一定程度的了解，理解兩者的差異。

另一種原因，是只接觸知識（資訊），卻忽略了想像力（用法）。不去解析一位哲學家提出的概念（對事物的觀點）是如何運作、允許怎樣的思想行為，就不可能真正理解他的思想概念。我之所以會強調：除了知識本身，也要學習該以什麼心態（想像力）來運用知識，就是這個道理。

例如，柏拉圖的「觀念」與笛卡兒的「觀念」，在英語中都寫作「idea」，因此可能會有人把它們當作是同一個詞，但兩者卻是由不同的知識與想像力建構而成，根本完全不一樣。再比如說，笛卡兒的「心中」這個詞，與我們平常所說的「心中」，內涵也截然不同。我們必須在學習哲學時留意這些區別，但實際上，卻有非常多人無法做到這一點，而在學哲學時受到挫折。

要破框，得先知道框架長什麼樣：讀哲學別抄捷徑，懂全貌才是真理解

讀哲學時遭遇挫折的兩種原因，都與「採櫻桃謬誤」有關（只挑選自己喜歡或看得懂的部分來理解）。「採櫻桃謬誤」這個詞可以使用在各種領域，以零售商的來說，是指顧客只購買顯眼的特價品或有利自己的商品，就像小鳥只會去採看起來鮮嫩欲滴的櫻桃一樣。

在學習哲學概念與哲學家的思想全貌（系統）時，如果不慎將內容套入「自己

已知的範圍」，只用自己的方式去理解，往往會陷入困惑，對吧？「採櫻桃謬誤」可是學習時的大敵。

我們應當做的，不是用自己的方式去理解，而是透過哲學家的概念和系統，體驗一種「看世界的方法」。換言之，就是依循哲學家的想像力（心態）去理解知識，或者說是依循哲學家的思考系統，來解釋他們的概念。忽略這個過程，直接「用自己的方式解讀」，就等於是在日本武道中跳過「守（遵守教條）」、「破（破除框架）」的基礎階段，試圖擅自進入「離（形成個人風格）」的境界一樣胡來。

不過，就算對專家來說，完整理解哲學家的思考系統（哲學的全貌）也不是件簡單的事。況且，哲學家本身也未必理解自己思想中的潛力。（比起探究作者的意圖，不如探究作者提出的概念和思考模式具有哪些可能性，這正是哲學的一大看點。不過這會讓話題變得複雜，暫且不談）。因此，我並不打算要求大家「安裝所有哲學家的思考系統」。

但是，如果只是想要學習某些哲學家的概念（也就是某些知識與想像力的組合），而不是充分理解全貌，倒沒有那麼困難。重點是在學習一項知識時，同時學習使用知識所需的「想像力」，也就是「使用心態」。我們就以此為目標吧。就像大家應該已經熟悉笛卡兒「觀念」與「心中」的概念了吧？不必太緊張，學習幾個哲學家的想像力，並不是什麼困難的事。

不過，我必須強調，不要陷入「採櫻桃謬誤」中。「電鋸好像什麼都能鋸開，那麼除了砍樹，應該也能拿來剖沙丁魚或影印紙。」如果你要這樣說也無所謂，但是明知可以使用菜刀跟剪刀，卻還這麼說，可就有問題了。這並不是創新，只是單純地迷失方向罷了。然而，學習哲學的人，就是會不小心犯這種錯誤。

前面稍微提到思想的「潛力」，也就是當我們游走在某個概念可運用的極限邊界，這個概念有時會展現出意想不到的魅力，甚至讓我們看見令人大開眼界的知性風景。但這是高手才能施展的高級技能，不是初學者一上場就能使用的指令。在打破常規以前，要先學會掌握常規。在「反學習」（unlearn）以前，必須先確實「學習」（learn），這是理所當然的順序。[*35]

缺乏想像力，知識不過是無用的資訊：「意義建構」的重要性

讓我們言歸正傳，回到話題的主軸：「知識」與「想像力」。在經營管理學中

*35 不過，我在前面的註腳偶爾會否定這種做法，因為這本書就是接近「反學習」的成果。也就是說，書中聚焦在展現各種概念的魅力，試圖將不同哲學家的概念連結起來，建構出新的「思考系統」。

有個術語叫做「意義建構（sensemaking）」[*36]，商管類書籍裡經常使用，或許有人聽說過。

「意義建構」的核心在於，我們如何去理解與掌握一個狀況、數據或事件，會大幅影響後續的發展。英語中有個慣用句是"It make sense."，用在表示「原來如此」、「我懂了」的狀況。而「意義建構」所處理的，就是當我們面對某個需要說明的現象、數據或狀況時，要如何賦予它定義、進行解釋。

也就是說，意義建構關注的是「解釋」。有些人一聽到「解釋」，就認為是跟「實踐」相去甚遠的東西並感到排斥。但是，對一個現象採取不同的定義，本來就會導致行動與策略大幅改變，所以，「賦予定義」跟「解釋」絕非紙上談兵，而是非常具有實踐性的課題。[*37]

如果我們能夠使用與其他人不同的角度看世界，也許就能觸發「意義的革新」，甚至可能解開關係中的僵局。「意義建構」可以更新組織內原有的共同認知，為組織帶來變革，因此成為商業領域關注的焦點。

那麼，要如何獲得看世界的全新觀點？最起碼，我們必須具備多元的知識。所謂的「觀察力」和「思考力」，是從世俗觀點之外的角度去探索事物的能力，而這樣的能力與知識的輸入息息相關。[*38] 考慮到這一點，當大眾開始關注「意義建構」的同時，推崇「商業素養」的商管類書籍也大量出現在市面上，就不是什麼奇怪的事了。

不過，這樣的說明只能觸及意義建構的其中一個面向。因為，並不是「只要像雜學王一樣到處吸收各種零碎的資訊，就能完成意義建構」。單純地囫圇吞棗，無異於聽前奏猜歌名式的學習方式。

*36 這裡所談的「意義建構」是以下面這篇文章為基礎。〈哲学者の個人技に基づくビジネスとの協働：クリスチャン・マスビアウ《センスメイキング》を読む〉《フィルカル》5（3），二〇二〇，144－147頁。而奠定整體「意義建構」理論基礎的，包含卡爾・威克（Karl Weick）的著作Sensemaking in Organizations（SAGE Publications）等作品。這些討論是汲取哲學及其他人文社會領域的學問所建構而成，對於已習慣行文流暢的商管與勵志類書籍的讀者來說，十分艱澀難讀。這或許是因為不熟悉專業術語而難以解讀其中的含義所致。

*37 解釋是主觀的，缺乏客觀性，因此應該會有人認為「只要收集行為數據並加以分析，再依據分析結果地制定市場行銷策略或組織營運模式就行了吧？」但實際上，在處理統計數據時，也很難排除主觀的影響。從觀察指標的設定、收集數據的方式、分析手法的選擇、呈現數據的方式，以及從分析結果中看出什麼端倪，整個過程都無可避免地參雜了分析者個人的判斷。此外，將分析結果使用在組織決策或是現場執行的流程中，也會牽涉到與數據沒有直接關聯的因素。追根究柢，將解釋視為主觀、數據視為客觀，這種對比太過簡化，沒有任何作用。關於這個論點，可以參考這本以公共政策為主題的著作：杉谷和哉『政策にエビデンスは必要なのか』（ミネルヴァ書房）。

*38 關於知識與感知的關係，可以參考源河亨『「美味しい」とは何か：食からひもとく美学入門』（中公新書），書中以飲食為例，提出淺顯易懂又有說服力的論證。

那麼，實際上到底該怎麼做？我們不妨注意「意義建構」這個詞所隱藏的另一層含義。「意義建構（sensemaking）」中的「意義（sense）」，還包含了「那個人的穿搭品味很好」中「品味（sense）」的意思。「sense」也可以翻譯成感知力，代表一種能識別價值的能力與敏銳的感受力。

雖然意義建構探討的是組織中個體如何對所處的情境做出「解釋」，但這並不代表怎麼解釋都行得通。意義建構追求的不是拼湊瑣碎的資訊、編造出似是而非的說詞，而是以敏銳的感受力準確掌握情況，進而創作出吸引人的敘事脈絡。這樣的能力，讓人聯想到以合適的方法運用資訊的「想像力」。

簡單來說，意義建構包括「解釋」與「感知力」的雙重意象。而這兩者的重要性，就相當於森林比喻中的「知識」跟「想像力」（雖然這些概念不能直接對應，背後的邏輯稍有差異）。

打造腦中的「寶可夢圖鑑」：「想像力」就是你的戰鬥力，收集愈多愈無敵

現在，關於理解情境所需要的知識，以及透過適當方法運用知識的想像力，大

家應該已經充分掌握了吧？只要了解這些概念，就能漸漸發現其中的樂趣。

例如我們常說「那個人的想像力很豐富」，但是從此處的觀點來看，「豐富的想像力」並不是什麼溫馨的讚美或魔法詞彙，而是具體地指一個人擁有許多種類的想像力。也就是說，他具備了多樣的思考模式，而這些思考模式，來自各種人物的想像力（記住，想像力與知識密不可分）。

擁有多種想像力的人，看事情時具備各式各樣的切入點，知道如何處理各種資訊，也能從不同角度去探索事物。當一個人的想像力類型愈豐富，就愈能以不同的觀點，更深入地觀察同一個對象。

更重要的是，想像力豐富的人從不將特定的觀點視為絕對。他們沒有理由拘泥於某一個觀點得出的結果。*39

我經常用寶可夢來比喻這個概念。一般來說，玩家會在戰鬥中會根據敵方的屬性、等級、敵我的HP（生命值）等狀況，來選擇該召喚哪一隻寶可夢。因此，平常收集各種寶可夢就很重要。只要身上有夠多種類的寶可夢，就不會遇到「我沒有六尾」、「要是我有伊布就好了」這些狀況。

*39 這個論點，就是本書後半部提到的消極能力。屆時會與加持和卡維爾等人物一同深入探討。

學哲學也是一樣的道理。只要依據問題、主題、目的，以及對象與狀況，選出最適合的想像力來對應即可。當你熟悉了一位哲學家的想像力，不代表就無法再學會其他哲學家的想像力，更沒有必要拘泥在一個哲學家身上。

「豐富的想像力」乍聽之下有些籠統，不過對現在的我們來說，意思卻很清楚簡單。要讓想像力更豐富，就必須學習各種人物的想像力，掌握他們是如何運用知識。要鍛鍊自己的想像力，只要增加你能調度的「想像力的種類」，在心中積蓄多樣的思考模式即可。

在心裡種出一座庭園：建構內在的多樣性

想像力的豐富程度，也可以理解為「讓他者住進內在」的能力。依這個脈絡來看，能夠借用別人的大腦來思考，就代表可以依據情況靈活運用內在多元的他者的想像力。值得注意的是，一旦多元的他者住進我們的內在，他們之間自然會產生微妙的分歧，進而形成對話。

從這個角度思考，騷擾與違反倫理的行為、可怕的企劃或爭議言論，或許是內在只存在「與自己相似的他者」才因此發生。因為內在全都是相似的聲音，根本沒有能夠與自己進行對話（對白）的他者，因此在遇到突發狀況時，內在也缺發了阻止自己的聲音。

這種時候，人的思考就成了自言自語（獨白）。當內在清一色都是「與自己相似的他者」，思考就等於是對牆壁說話，聽見的只有自己的回音。這就是奧特加批判的「利己主義」、「迷宮」、「不斷打轉」。*40

這個情形，也可以說是「將他者的想像力限縮於自己已知的框架內，用自己的想像力去重新粉刷，抹去了他者的獨特性」。我之所以說「學習他者的思考時，要全心全意依循對方的心態（想像力）去學」，也是為了避免消除想像力間的差異性。

「擁有豐富的想像力」，就是內在擁有多元他者的狀態，也就是在自己的內在建構出富有多樣性的生態系統。這好比是在名為「自我」的庭園中栽種各種植物。想要開啟奧特加式的「自我懷疑」，第一步就是像布置庭園一樣，將自己培養成一座開放且多元的所在。

總而言之，如果想避免自己一股腦地埋頭亂闖而筋疲力盡，也不願停留在猜謎

*40 在第三章、第四章，會詳細探討如何透過思考進行自我對話。

般只能短暫發揮的雜學程度，更不想憑著自以為學會的知識，做出異想天開的行為，那麼最重要的，就是向「專家」這個他者學習如何觀察、如何解讀森林，才能找到徒步穿越森林的線索。而且，只有依循著他者的思考方式去學習（在不強迫他者配合的前提下），才能讓「自我」這座庭園欣欣向榮。

哲學家，正是以自創的方式串連許多概念（知識與想像力的組合）的人。因此，就算只向一位哲學家學習，只要仔細探索，應該就能發掘出無數的想像力。在「哲學」這個領域，聚集了無數提出過偉大思想系統的人物，值得我們深入觀察。

光是談論哲學本身，就花了不少篇幅。下一章開始，我們會從多種角度，檢視活在現代社會的我們是如何忽視了自己（還有自以為能夠面對自我的人，實際上又是如何迷失的），並且在尋找應對方法的過程中，激發各種想像力。

踏上哲學冒險前的三個注意事項

對哲學本身的說明就到此為止。接下來，在即將踏入哲學這片「未知的大地」前，我想提出幾個提醒，就像行前手冊裡的注意事項一樣。

以下的注意事項，其實是用另一種觀點重新解說前面說明過的內容。或許無法馬上理解，不過它們都是學習哲學時最好牢記在腦海的小錦囊，請各位經常回頭重新閱讀，會很有幫助。

1 思考也需要練習（別追求立即獲得成果）

如果有人因為自己能夠平穩地走在鋪設完善的城市街頭，就認為「我連K2（喬戈里峰）和聖母峰都爬得上去」，各位應該會覺得他的想法很荒唐吧。同樣地，會說日語的人，不代表就能像說書的講談師或落語家一樣說話，也未必能用日語讀寫論文。會用菜刀做菜，也不等於廚藝跟三星餐廳的主廚一樣精湛。

你可能會心想「這不是理所當然的道理嗎？」但對於「思考」這件事，我們是不是經常抱持著這種理所當然的態度？我們能夠獨立思考，因此經常很快就以為自己懂了，或是在遇到不易理解或困難的事物時，就認定它「沒用又複雜」、「莫名其妙」、「只是紙上談兵」而輕易放棄。這樣下去，是不會有任何幫助的。

在思考這類問題時，我總會想起古羅馬哲學家愛比克泰德。他曾說，哲學「並不是一朝一夕就能學成的東西，你自己也很清楚吧」。*41 根本的治療總是格外費時。他在另一個場合提出的比喻，也饒富深意（雖然嚴格來說語境稍有不同）。

> 任何重要的事都不會憑空產生。一串葡萄或無花果亦是如此。如果你現在告訴我你想要無花果，我只能回答你「這需要時間」。要先讓它開花、結果，接下來果實才會成熟。*42

愛比克泰德想對試圖一步登天的「你」說：「不要懷抱這種期待。」這個故事讓我們體會到，耐心等待是學習的必經之路。說來理所當然，卻很容易被遺忘。

如果你在本書中讀到無法立即理解的內容，不要急著吞下去，請你像松鼠把橡實暫存於頰囊一樣，將它好好保存起來。不要隨意解釋後就自以為看懂了，含在嘴裡、持續思考是很重要的。

「看不懂」、「無法理解」的感覺，就好比鍛鍊肌肉或運動時會流汗一般，是鍛鍊思考時無可避免的自然反應。別排斥「消化不良」的狀態，不要急著想讓自己心情舒暢。就當作是享受思考的時間，跟著我一起前進吧。

2 掌握「詞語的正確用法」，才算真正理解概念（別「硬拗」成自己的意思）

羅伯特・布蘭登（Robert Brandom）是當代美國哲學家的代表人物，他蓄了一把大鬍子，外表就好似托爾金（J・R・R・Tolkien）的《魔戒》裡會出現的迷人角色。他曾指出：「掌握概念，就是學習詞語的使用方式。」*43

這裡所謂的「概念」，可以理解為「觀點」、「框架」、「視角」之類的意思。換句話說，布蘭登主張的是：學會某個觀點，就等同於「學會某個詞語的用法」。

布蘭登的這句話，代入到我們前面定義的「概念」（特定的知識及運用該知識的想像力組合）也可以成立。從這層意義看來，「增加想像力的種類」可以說是「為自

---

*41 愛比克泰德。人生談義 上卷。

*42 同前書。

*43 Perspectives on pragmatism: classical, recent, and contemporary, Robert Brandom, Harvard University Press, 2011.

己安裝全新的詞語使用方法」。

從布蘭登的論點中可以學到的教訓是：閱讀文章時，要注意「詞語在文中是如何被使用」，並且學習文中的用法。舉例來說，本書出現的「想像力」、「沉默」、「聆聽」、「嗜好」、「孤獨」、「孤立」、「寂寞」、「對話」等詞彙，都有其獨特的用法。所以，如果想要理解本書的概念，就必須學會本書使用這些詞彙的方法。

學習詞彙的用法時，有兩個線索：第一，是能夠從具體與抽象這兩個層次，說明自己學到的概念。換言之，要能夠在抽象（概念）與具體（實例）之間自由切換。

我在念研究所時，教授曾經苦口婆心地提醒我：「要舉出具體例子啊！」「可以舉例嗎？」這些經驗讓我體會到，在為某個概念舉出各種實例的過程中，我們也會逐漸看清概念的使用方式，這就是學會新概念的捷徑。

第二，是在談論概念時，要能夠加入條件與反事實思考，也就是能夠舉例：「在這種情況下會怎麼樣？」「在什麼條件下會變這樣？」。這個技巧有一點困難，不過用故事的方式舉例，其實一點也不複雜。

例如，布蘭登以「栗子」、「火柴」、「母獅」等概念為例，寫下這段話：

> 栗樹會結出栗子，除非樹還沒成熟，或是遭受病蟲害。完好的乾燥

火柴可以點火，除非環境中沒有氧氣。飢餓的母獅會捕食羚羊，不論那天是星期二，或是遠處的樹上有獨角仙爬上樹枝；但如果母獅的心臟停止跳動，那麼牠就再也不會狩獵了。[*44]

如果你真正理解這些概念，應該可以做出「在這種情況下會如何？」「那種情況下會發生那種變化」這樣的判斷。

一個沒辦法說出「樹還沒成熟，就結不出栗子」的人，無論再怎麼堅稱自己了解栗樹，也很難讓人相信。如果一開始就誤解了前提條件，那就不可能真正學會詞語的使用方法。

總之，掌握概念（知識與想像力），就等於學會詞語的用法。更進一步來說，檢驗自己是否學會某個概念，關鍵就在能否舉出具體實例，以及能否談論這個概念在各種前提條件下的變化。

*44 同前書。

3 哲學用語，要照哲學家的意思來解釋（先忘記詞語的日常用法）

在人文社科類的專書中，經常出現「本質」、「理念」、「超人」、「政治」、「社會」等詞語。例如我所研究的哲學家約翰．杜威，常使用「理想」、「目的」、「經驗」、「成長」、「反省」、「保守主義」與「自由主義」這些詞。

這些詞語，多數讀者應該不陌生。你可能會有這些印象：「我真的很討厭這個詞」、「新聞曾這樣解說過」、「這個詞經常跟那個詞一起出現」，這就是我們對詞彙所累積的語感。

但在閱讀哲學時，不應該將這些日常的語感套用進來。因為，每一位哲學家都有自己獨特的想像力，而他們是根據自己的想像力來使用各個詞語，用法未必跟我們熟悉的語境一樣。就算查閱辭典或百科全書，也沒什麼幫助，雖然並不是完全沒用。

哲學家東浩紀曾這麼說：

暫且忘掉哲學書裡所有詞彙在日常中的含義，同時也忘記自己基於日常感覺所理解的一切，只專注在詞與詞之間的關係。換言之，不要直接理解每一字每一句的含義，而是觀察「原來這個詞是用在正面語氣，另一個詞則是用於負面的情況」、「看來這個詞和那個詞在書中的是對立的關係」、「這兩組對立關係好像有某種連結」，沒錯，就像在看待人際關係的八卦一樣，捕捉概念與概念之間的關係就行了。[*45]

當然，哲學詞彙跟日常語言並非毫無關聯。不過，如果先把它們當作「例外」，使用不同的方法去理解，會比較容易掌握哲學詞彙的用法。[*46]

學哲學時，最重要的就是用頭腦去「理解」。哲學研究者即使對某些哲學家的思想並未真正產生共鳴，至少具備充分「理解」其思想的能力。因此，他們才能毫無障礙地暢談盧梭、杜威、笛卡兒、海德格、佛洛伊德……等等在思想上偶有衝突

---

*45 https://webgenron.com/articles/voice20181012_01

*46 東浩紀提醒讀者要謹記本書所謂的「系統」，在理解個別概念的運用方式時，同樣「不要投射日常的語感」、「要觀察詞語之間的關係」，這番建議相當受用。

的哲學家觀點。各位也請先放下自己習慣的用字遣詞，努力用頭腦去「理解」哲學家的思想吧。

專欄

實用主義的哲學觀

這一章談論了「哲學是什麼」以及「該如何與哲學相處」，換句話說就是「關於哲學的哲學」，帥氣一點的說法則是「後設哲學（metaphilosophy）」。本章也特別採用「實用主義（pragmatism）」這一思想派別對哲學的理解。

在實用主義觀點中，哲學並不是提供「答案」或「最終目標」的學問，哲學也無法直接解決煩惱。因為，如果把哲學當作能賜予我們「寶貴答案」的工具，我們就會以得到答案為目的，失去調查、思考、討論與嘗試的動力。

實用主義認為，哲學思想是我們行動的「起點」。各式各樣的概念和觀點，都是我們在面對狀況時所需的「線索」。也就是說，哲學的本質，是不斷孕育出關於人類如何與世界互動的「假設」。

哲學家約翰．杜威曾說：「哲學只能提出假設，而且僅在它使人敏銳地感知處境時，這個假設才有價值。」（《哲學的改造》）。這裡所謂的假設，其實就是看待世界的方式，而本書將這些方式拆解成「知識」與「想像力」兩個面向來說明。若要繼續解說實用主義思想，將會變成長篇大論，所以在此打住。

此外，本書的哲學觀還有另一個特徵：它並不鼓勵「不依賴哲學家所建構的概念，直接進行哲學思考」。有些人認為，將過去的哲學家擱置一旁，僅憑自己的直覺思考，再用言語表述出來，這樣的行為就可以稱作「哲學」（例如哲學式討論），但這與本書的立場有所不同。

我的立場，其實更傾向於社群主義式（communitarian）的哲學觀，也就是重視哲學史。我將哲學理解為一種實踐：依循數千前年發跡於古希臘的思想共同體脈絡，承襲哲學的傳統，並加以改寫、駁斥、補充、重組，參與這場持續不斷的思想工程。與其輕率地說要「獨立思考」，不如「借助別人的思考」，也就是「多方面、扎實地學習」，才有助於避免陷入自我封閉式的思考模式。

不過，我認定的「哲學」範疇非常寬鬆，連普遍不被當作「哲學家」的人，我也樂意納入討論，甚至是將他們列為「哲學家」。這種重新建構的行為，是對「哲學」概念的撼動與挑戰。關於這麼做的目的，在後面的專欄再談。

本章所描述的哲學觀只是眾多立場之一，並不是唯一解，也有些人並不重視哲學的歷史。大家在讀完本書以後，請閱讀其他書籍，對照不同的哲學觀。

第3章

在現代的生活型態中，「智慧型手機」已是不可或缺的存在。手機是如何改變我們的呢？

當我們隨著這個問題回顧自己的生活，〈孤獨〉的議題就浮現了出來。

在手機時代，我們似乎失去了〈孤獨〉。

乍看之下，〈孤獨〉這個詞給人應該迴避的印象。但事實上，我們必須找回〈孤獨〉。為什麼有這個必要？讓我們將獨處的狀態區分成〈孤獨〉、〈孤立〉與〈寂寞〉，繼續展開這趟關於手機時代的哲學冒險。

永遠在線，
卻依然「寂寞」
——你不是寂寞，
只是忘了
「如何孤獨」

手機時代，我們都失去等待的能力

繞了一點路，可能有些人已經忘記我們之前談了些什麼，讓我們先從復習開始。第一章的結尾提到，我們隨時都能接觸各種帶來立即滿足的感官刺激與即時的溝通交流，在這種環境下，令人感到「消化不良」、「晦澀」、「糾結」等需要花費時間與成本的事物，已漸漸不再受到關注。除了注意到這些變化，我們也要思考：在現代的社會與經濟條件下，我們為什麼需要「消化不良」的事物？有什麼具體的實踐方法？如果做到了，又能帶來什麼？

第一章談論過智慧型手機這個新興媒體的登場，本章則是要更加深入這個主題。活在手機時代意味著什麼？這個新媒體如何改變了我們與整體社會？懷抱著這些疑問，讓我們一起試著探究「手機時代的哲學」。

不過，在討論「變化」時，我們往往只聚焦於造成變化的事件，將它當作「奇點」來處理。但是在思考變化時，我們不只要看現在，也必須冷靜地了解「過去」的狀況。要了解事情的原委，就必須同時觀察前後的脈絡，但如此簡單的道理，很多人卻經常忽略。

鐵路運輸、郵政制度、電信、廣播、電影、電視、網路這些資訊科技的進步，讓人類開始期待一切都能達到「高效率」。這個期望，實際上也把我們捲入資訊交換更快速的漩渦之中。如今，我們幾乎已經可以零時差地獲知遠方的消息。

無論是美國九一一恐攻事件、英國女王伊莉莎白逝世、外國領導者的醜聞，這些事件並未直接發生在我們身處的國家，如果沒有現代科技或報導的傳播，我們大概只會覺得不痛不癢。但現在，我們卻在聽到消息時大受震撼，因為我們活在一個即時傳播全球各地資訊的世界。隨著通訊設備的進步，我們也期待更即時的資訊互動。

而手機更是加快了這股潮流。以前，有些事情可以隔一段時間再處理，有些訊息可以隔天再回覆，如今卻不復以往。我們被迫馬上做出回應。我們已經習慣「沒有延遲」的狀態，在社會、工作、私生活上都要講求效率，再也不能「等待」與「接受」。

行動電話與智慧型手機的問世，超越了「隨時隨地都能連上網路」的「普及計算」時代，進一步進入「一人同時操作多個裝置」的時代。這些裝置小巧、方便攜帶，支援多工處理，彼此還可以互相連線（物聯網：IoT）。

現代人不只實現了字面上的「無所不在」（ubiquity）的連線狀態，還能同時處理大量的刺激與溝通交流。或許可以說，我們早已對多工處理習以為常。

資訊科技大廠思科（Cisco）在二〇二〇年二月公開的報告（Cisco Annual Internet

Report 2018-2023）當中，預估在二〇二三年以前，全球的連網裝置數量將達到兩百九十三億台（平均每人約擁有三．六台），其中，彼此具連線功能的裝置數量推測將達約一百四十七億台。

大眾從以前就高度期望實現「零延遲」的溝通交流；但如今，我們周旋在大量裝置之間，除了面對面的互動，還要透過各種裝置同時處理多項溝通與工作，時代已不同於以往。那麼，這樣的媒體環境變化，到底帶來了什麼？

永遠在線，卻感覺孤單一人：網路創造的「假連結」

話說回來，提到「手機時代的哲學」，可能會有人懷疑，我們對這個議題是否真的了解？這種題目真能說討論就討論嗎？事實上，關於手機這個主題，已經有各種廣義的研究。ＭＩＴ（麻省理工學院）的心理學家雪莉．特克（Sherry Turkle）是我非常欣賞的研究專家，她在二〇一一年出版的著作中，談到一段饒富趣味的經歷：

> 不久前，我指導的研究生跟我說到他與朋友一起穿過ＭＩＴ校園

時，朋友接起手機來電的情景。我的學生很不高興，他簡直難以置信：「他把我們的對話『暫停』了。難道我應該記得我們剛才講到哪裡，等他講完電話後，再從那裡重啟對話嗎？」在當時，他朋友的行為看來粗魯無禮、令人困惑。但事隔兩、三年，這種行為已成為家常便飯。*47

那時手機正在迅速普及，人們對於中斷現場對話、優先回應手機那頭「不在場的他者」這種行為感到詫異又困惑。如今，我們或許早已遺忘最初的那份驚訝。*48

特克警覺到，行動裝置讓人們出現一種新的行為模式：優先處理螢幕另一頭的互動或刺激，反而暫停與面前對象的交流與對話。即便是在家看電影、與某人見面

*47 關於這種觀光體驗的特徵，下列論文皆有描述。「コンテンツ・ツーリズムから《聖地巡礼的なもの》へ：コンテンツの二次的消費のための新しいカテゴリ」《フィルカル》三（二），二〇一八，140－174頁；「デジタルゲームから考えるコンテンツツーリズムの教育性：記憶の参照、積層する記憶、確認とズレ」《コンテンツ文化史研究》十三巻，二〇二一，26－47頁。

*48 二〇一二年，出現了結合phone（電話）與snubbing（冷落）的新詞彙「phubbing（低頭族、科技冷漠）」，甚至有人專門探討這種慣性行為。

談話，也隨時會因簡訊、電話、影片、貼圖、遊戲等各種東西而中斷。

也就是說，現代人已經習慣一邊進行多工處理，一邊回應現實中的互動。或者應該說，連面對面的實際交流及對話，也成了「多工處理」中的其中一項。

另外，當我們身處某個地方時，實際上心思卻放在其他地方，這也是很常見的事。等紅燈時、在超市排隊等待結帳時、在會議中，只要一感到無聊、找不到吸引自己的事物，我們就急著掏出手機聽音樂、逛社群網站、傳簡訊、分享影片或文章。

上述的行為或許也沒什麼大不了的，那麼，這個情況又是如何？

> 現在的青少年，是在父母一邊走向遊戲場，一邊講電話或滑訊息的情況下長大的。他們的父母一手打字、一手推鞦韆；一面打電話，不時抬頭望一眼攀爬架。青少年口中的童年，是父母會在開車送他們上學時，或全家一起看迪士尼電影時，一邊使用行動裝置。*49

這段文字同樣出自特克在二〇一一年出版的著作。你也可以把「講電話」替換成瀏覽社群網站或影音平台。

當然，我們不必全面否定這些行為。那些在大人看來有點單調的電影，如果被小孩纏著看了好幾遍，當然會令人有苦難言，這時我們一定會忍不住拿出手機。如今，在與親近的人聚餐時拿起手機，早已經是常態了。

行動裝置讓我們可以從其他場所獲取資訊、加入發生在其他地點的溝通與交流，特克將這種狀況稱作「永遠在線的世界」。手機時代的哲學，關鍵字就是「隨時在線」。在隨時在線的世界裡，我們的生活周旋在多工處理之間，最終陷入無法專注於任何一件事、與所有事物的連結變得非常「薄弱」的狀態。而特克尤其注重人際關係的薄弱，並將這種現象形容為「永遠在線，卻孤單一人（connected, but alone）」。

注意力渙散的元凶：多工處理

媒體理論中經常出現一種觀點：「科技會改寫人的感官」。雖然偶爾會有人主張「技術是中立的」，但事實卻相反。實際上，隨著新科技的普及，人們的行為模

*49 雪莉．特克。在一起孤獨。

式、感受方式、理解事物的觀點都會出現具體的變化。

既然科技可以影響感性，那麼手機又如何改變了我們？如果要探討問題的核心，就該把焦點放在我們因為這些變化而失去了什麼？特克認為，我們在思考科技時，往往會陷入對「原點」的追尋，「我們會回頭思考真正重要的東西是什麼」。[*50]在手機的另一端，「真正重要的東西」到底是什麼？

那就是我們在隨時在線的世界裡失去的事物。統整多位學者的見解，我認為可以從兩個觀點來說明：即〈孤立〉與〈孤獨〉。〈孤立〉是指脫離他者、專住於某件事的狀態，〈孤獨〉則是指持續與自己對話的狀態。

只要停下來思考一番就會發現，我們在隨時在線的世界裡，不斷重複著反射性的溝通：一邊暫停手邊的動作，一邊透過簡訊或簡短的反應做出表面的回應。

比方說，當你跟某人面對面交談時，同時使用LINE貼圖和訊息回覆四個人，滑掉拍賣APP跳出的通知，加速略過手機遊戲的劇情畫面，在社群網站上轉發幾篇沒仔細讀過的文章，在Instagram上收藏自己追蹤的網紅推薦的衣服。這種情形，大家應該並不陌生。

在這個情境下，我們失去的正是〈孤立〉。我們被五花八門的資訊與感官刺激奪走了注意力，無法專注於單一事物。這種「孤立」的喪失，正是多工處理所造成的注意力渙散，也可以歸結為媒體技術推動「注意力經濟（attention economy）」所帶來的影響之一。

注意力經濟與手機奪走了我們的專注力

網路上許多生意是建立在廣告與使用者的黏著度之上，而「注意力經濟」就是在這種環境下形成的經濟模式。具體來說，大眾的注意力比資訊的內容或品質要更有價值。

在注意力經濟下，無論是內容、廣告、產品、服務、網路平台、線上沙龍、YouTube頻道或網紅，他們的成敗全都取決於關注度、點擊數、購買人數、訂閱人數、營業額的具體變動，也就是說，實際的「參與度（engagement）」才是重點。各式各樣的人、活動、商品，都為了吸引我們的注意力而不斷進步。而我們也透過在社群網站發布貼文，主動加入這場注意力爭奪大賽。

這種消費環境，顯然助長了注意力分散。但不能只怪罪於企業和科技。我們必

*50 同前書。

須承認，自己也樂於參與其中並助長這個趨勢。許多人一邊看手機一邊跟人說話，對方的話只聽個大概，忽略需要思考的話題，隨口應付對方的提問。在這樣的環境下，誰還有心面對「消化不良」、「糾結」、「晦澀」的事物？

遺憾的是，注意力分散不只讓面對面的溝通交流變得貧乏。不論是看漫畫、講電話、聽音樂、與人互傳訊息，當一切同時進行、多工處理，就代表我們對每件事都無法全神貫注。

更糟糕的是，比特克所擔憂的還要更嚴重的情況發生了。已經習慣注意力被手機分散的我們，就連不使用手機時，也無法專心與人互動。

許多研究都指出，我們只要知道手機在身邊，即使不碰手機，也可能影響面對面的對話。*51 具體來說，手機會造成對話的共鳴程度下降，話題可能受到手機干擾，我們對自己與他人情感或心理狀況的注意力也會降低。

一切的背景原因，恐怕就是注意力的分散。如果我們逐漸失去「專心思考一件事」的習慣，就更應該重視〈孤立〉的重要性。

當我們的注意力分散在各個事物和對象上，面對面的談話自然就變成反射性的回應了。慣性使用反射性溝通，就像是反覆訓練自己忽視對方的個性或心理狀態。多工處理的生活，導致我們喪失〈孤立〉的能力，著實是一個嚴重的問題。

為什麼我們害怕獨處？

——手機時代中失落的「孤獨」

在隨時在線的世界裡，我們不只失去了〈孤立〉，也逐漸失去〈孤獨〉。〈孤立〉是專注於單一事物的能力，而〈孤獨〉則是與自己對話的能力。

特克曾舉了一個令人印象深刻的實例，我們來參考一下：

> 我參加了一個摯友的追悼儀式，印在厚重乳黃色卡紙上的節目單，列出那個下午的致詞者、現場演奏的樂曲名與演奏者，也展示摯友年輕與巔峰時的照片。身邊許多人都用節目單較厚且具保護作用的

---

*51 Andrew Przybylski and Netta Weinstein, "Can you connect with me now?: How the presence of mobile communication technology influences face-to-face conversation quality," Journal of Social and Personal Relationships, 30(2), July 19, 2012, pp.237-46, doi: 10.1177/0265407512453827; Shalini Misra, Lulu Cheng, Jamie Genevie, and Miao Yuan, "The iPhone Effect: The Quality of In- Person Social Interactions in the Presence of Mobile Devices," Environment and Behavior, 48(2), July 1, 2014, pp. 275-98, doi: 10.1177/0013916514539755.

摺頁來遮掩他們的手機，以便在儀式期間傳簡訊。

> 其中一位將近七十歲的女士，於會後找我聊天。她用理所當然的口吻說：「我沒辦法坐那麼久都不看手機。」這類儀式，不就是為了占用我們一點時間，好好緬懷故人嗎？但是在不到十年的科技薰陶下，她已經失去了這樣的能力。[*52]

這就是缺乏〈孤獨〉的狀態。應該有人覺得說中自己的心坎了吧？

其實，我自己也是如此。在祖母的喪禮上等待大體火化時，我也非常想要拿出手機。當時我心想「不知道該怎麼說，但還是別看比較好吧」，於是將手機關機、收進包包裡。

我轉而欣賞外面的風景、跟身旁的親戚閒話家常、單純地沉默不語，或是將突然想到的事情寫在記事本上。儘管如此，我依然不時想要打開手機，或者是走去有電視的地方。

我在這一刻失去（缺乏）的東西，就是〈孤獨〉。耐不住無聊，渴望某種刺激或互動，無法跟自己獨處。因此，我想要透過〈孤獨〉這個詞，談一談不追求刺激、不急著優先回應別人，而是好好獨處的重要性。[*53]

「在沉默中與自己同在」

——漢娜・鄂蘭的哲學

請注意，〈孤獨〉單純指「與自己獨處」，並沒有否定的含義。儘管如此，應該還是有不少人對這個詞抱有負面印象。為了消除這樣的疑慮，讓我們借用哲學家漢娜・鄂蘭（Hannah Arendt）的想像力，來思考為什麼我們需要〈孤獨〉。

鄂蘭將「獨處」的狀態，區分成〈孤立（isolation）〉、〈孤獨（solitude）〉與〈寂寞（loneliness）〉這三種形式。劃出輔助線後，整體的輪廓就更清楚了，也更容易看出〈孤獨〉與〈孤立〉的關係。讓我們依序看下去。

鄂蘭將「與他者切斷連結的狀態」稱作〈孤立〉。[*54] 換言之，〈孤立〉是指

*52 雪莉・特克。在一起孤獨。

*53 為了方便各位理解，我用了「失去」這個詞，不過就如後續會談到的，這不意味著現在不可能保有〈孤立〉或〈孤獨〉，也不是說在手機問世以前，大家都能輕易保有〈孤立〉或〈孤獨〉。我只是用「失去〈孤獨〉」，來形容以手機為代表的現代媒體環境，驅使我們漸漸放下〈孤獨〉、陷入不易找回的狀態。

為了完成某件事所須的不受任何干擾的狀態。即使不從事具有創造性、生產性的活動，只要是為了專注投入某件事，都不應該有任何人介入。就好比「想要學習某件事、哪怕只是讀一本書」時，也「需要某種程度的孤立，免於因他者在場而受到干擾」。[*55]

簡單來說，當我們要專注處理某件事，就需要一定程度的物理上的隔離。由此可見，〈孤立〉是集中注意力的必要條件。

相較之下，鄂蘭認為〈孤獨〉是「在沉默中與自己同在的存在狀態」。這個說法有些文謅謅的，不容易掌握其中的含義，但大致可以理解為：當我們處於〈孤獨〉的狀態時，就是安靜下來，彷彿在與自己對話般地進行「思考」。所謂的〈孤獨〉，意味著我們與自己相處的同時，能夠「自問自答」，也就是能夠「思考」。[*56] 比如，那位在喪禮上忍不住滑手機的老婦人，正是因為不能專注於悲傷，才會對這樣的場合感到無聊，無法實現「在沉默中與自己同在」的狀態。

不過，一旦被人搭話，或是受到額外的刺激，與自己的對話（＝思考）就會中斷。由此可見，〈孤立〉是達成〈孤獨〉與其伴隨而來的自我對話所必須的條件。沒有〈孤立〉，就無法達成真正的〈孤獨〉。

「寂寞」，現代人注定的報應

在「獨處」的三種狀態中，更有趣的是〈寂寞〉的狀態。鄂蘭在區分〈孤獨〉和〈寂寞〉時，認為〈孤獨〉需要〈孤立〉（＝獨自一人），但〈寂寞〉卻是「在他人的陪伴下最容易尖銳地顯現出來」。*57

〈寂寞〉是置身在人群之中，卻感覺自己孤單一人，無法承受這樣的自己，渴望依附他者的狀態。沒來由地焦慮、覺得工作索然無味、與朋友或家人感情不睦，為此苦惱卻感覺沒有人懂、耐不住無聊而尋求他者的陪伴或感官刺激，這些經驗恐怕大家都曾體會過。

---

*54 〈孤立〉一詞在本文中的只具有正面含義，但實際上它也可能具有負面含義。例如掌權者透過介入、排除或歧視異己等行為，使人民斷絕各種人際關係、切斷社會的連結，導致人民在社會上或政治上處於無助的狀態，也是一種「孤立」的型態。

*55 漢娜．鄂蘭（Hannah Arendt）。責任與判斷（Responsibility and Judgment）。

*56 同前書。

此外，「無聲無息」這個詞也湊巧與奧特加思想中的沉默一詞呼應，可以將這兩者蘊含的要素視為相通。

*57 漢娜．鄂蘭。極權主義的起源（The Origins of Totalitarianism）。

鄂蘭認為，〈寂寞〉就像注定的報應，壓在生活於傳統社群瓦解後的都市社會現代人身上。*58 我們所有人在心理上都具有「無論身處何處都無法找到歸屬感的外來者（失鄉者）特質」，因此變得害怕寂寞、渴望有其他人事物陪伴，以暫時忘卻這種寂寞感。

手機這個新媒體，滿足了〈寂寞〉引發的「渴望連結」、「想要排解無聊」等需求。手機不僅隨時隨地都能使用，還讓我們的任務碎片化，卻又同時實現多工處理，把我們捲進溝通、娛樂、感官刺激的漩渦中，讓我們停止自我對話，掩蓋了我們的無聊、焦慮，與對關係的欲望。

然而，〈寂寞〉衍生的多工處理，只帶來持續且零碎的刺激，無法使我們全心投入。等回過神來，我們才發現「我剛才到底在做什麼？」並感到空虛，深深體會到我們與人事物的連結是多麼薄弱（隨時在線，卻孤單一人）。

在隨時在線的手機時代，〈孤立〉被腐蝕，〈孤獨〉因此被剝奪了，而〈寂寞〉卻加劇了。儘管如此，我們卻未曾察覺這種存在方式有多麼危險。這些問題再加上手機的媒體特性，使得〈寂寞〉的問題逐漸浮出檯面。

尼采曾說我們都在「自我逃避」，奧特加則批判我們「在利己主義的迷宮裡不斷打轉」，看來都與鄂蘭的觀點相同。順便一提，〈寂寞〉與〈孤獨〉的區別並非鄂蘭首創，而是哲學裡相當常見的理論。鄂蘭也曾提過，這個區別可以追溯到最早建立都市社會的古羅馬，當時愛比克泰德就有類似觀點，與鄂蘭身處同樣時代的神學家保羅．田立克（Paul Tillich）也談到了這個區別。*59

我使用單書名號來標示寂寞、孤獨與孤立等概念，是為了強調它們具有不同於日常語感的特殊含義，接下來我將省略符號標示，以免顯得複雜。

孤獨是處理情緒的重要媒介

鄂蘭認為，孤獨是「一個人裡面住著兩個自己（two-in-one）」的存在狀態。孤獨中的「思考」，就是自己與自己的對話。在我們的內在住著多個不同的自己，彼此互相交談。這也與第二章提到「讓他者住進自己內在」的道理相通。讓他者住進內心，也就是將自己分裂成數個不同存在。

如果將前面的討論連結起來，或許各位會認同「原來孤獨很重要」。不過，我

---

*58 同前書。

*59 保羅．田立克（Paul Tillich）。永恆的現在（The Eternal Now）。田立克也以充滿各種人群的大眾社會（都市社會）為前提，來區分這兩個概念。

們還是應該重新思考：為什麼自我對話與孤獨這麼重要？

以我們面對離別或失去的反應為例，或許會比較好懂。發生令我們震驚的狀況或感到非常困惑的事件時，我們應該要馬上拿起手機連連結其他人事物，藉由刺激與娛樂儘快讓自己感到舒暢嗎？

只要我們拿著手機，就可以將焦慮與困惑寫到社群網站或部落格，也可以透過直播抒發，或聯絡某個人，對他傾訴個沒完。在還沒細思該如何安置內在的焦慮以前，我們就已經透過手機「發布」或「連線」，接觸那些（至少可以暫時）掩飾焦慮或動搖的刺激與互動。

遭遇足以動搖自己、無法冷靜以對的衝擊時，勉強裝作鎮定，未必是最好的應對方式。如果不去面對引發深切悲慟的經驗，不去尋找安置痛苦情緒的空間，只是設法將這份衝擊封存起來，那不過是假裝事情「從未發生過」罷了。這種人在過一陣子後，反而會感受到難以抑制的悲痛，甚至陷入憂鬱。

經歷生離死別的重大衝擊時，我們會反覆回想同一段悲傷的經驗，努力與之對抗。這個行為在精神分析學中稱作「哀悼工作（mourning work）」，其中的Mourn意指「悲嘆」、「弔唁」與「哀悼」，因此得名。

在進行哀悼工作時，最重要的是我們必須在適當的時機處於孤獨的狀態。當一個人因巨大的衝擊而不能自已，他正需要從中汲取某些問題與疑惑，為生活重新賦予意義，藉此與原本不願面對的狀況或關係妥協、達成和解。這個過程，就是所謂的哀悼工作。

伴隨著哀悼而來的孤獨，從來都是許多故事中的重要主題。例如獲得奧斯卡金像獎最佳國際影片的電影《在車上》（二〇二一）中，有句台詞是：「我當時應該好好地感受傷痛。」廣義來說，這句話可說是指出了「哀悼工作」的必要性。《在車上》的原著短篇小說〈木野〉裡，也出現了以下這段對話：

「是不是傷到你了，多少有一點？」妻子問他。「我畢竟也是人，當然會受傷。」木野回答。不過那並不是真的。至少有一半是謊言。〔……〕在應該感受真正的痛楚時，我卻將最重要的感覺壓抑、抹殺了。因為不想承受那份深切的痛苦，我迴避正面面對真實，結果只能一直懷抱著這顆空洞的心。[*60]

---

*60 村上春樹。沒有女人的男人們。（女のいない男たち）

這段話實在令人難以忘懷。借用他的說法，當自己無法保持鎮定時，唯有保有孤獨，才不至於「把最重要的感覺壓抑抹殺」。

情緒不是垃圾訊息：別急著排解情緒，學習凝視與反芻自己

受到令人無法自持的強烈衝擊時，不要否認這股衝擊，也不要佯裝若無其事，而是要仔細傾聽自己的情緒，重新正視這道創傷，這件事非常重要。然而這時，寂寞會是你最大的敵人。當我們持續接觸各種人、事、物，就容易在諸多刺激下心煩意亂，無法與自己對話、無法深入地理解事物。

實際上，許多實驗都證明，透過螢幕或觸控面板沉溺在資訊的洪流中，會嚴重妨礙我們了解自己的情緒。因此，我們才需要有意識地保有孤立，進而擁有孤獨的時間。

前面雖然以離別與失去作為例子，但事實上，許多衝擊的狀況都會讓人失去冷靜，例如熟人過世、家人罹患重病住院、遭遇騷擾、無意間騷擾別人、疫情爆發、全心為公司奉獻，卻被調去不重要的職位、工作上遭遇重大挫折、遭到朋友背

叛……

在這些時刻，因為難以承受衝擊、無法直視自己的情感與感受，我們是否應該在社群媒體上開直播傾訴，反射性地拍下事發當時的照片上傳，或是傳LINE給朋友以尋求慰藉？我明白，面對無法處理的恐懼、悲傷或不安時，人會本能地想這麼做。

當然，我並不是說我們完全不需要藉由與他人的互動來撫平情緒。然而，如果過於衝動，立即將自己的情緒與感受一股腦兒地暴露在他人的目光之下，那麼，我們幾乎沒有時間好好凝視這股衝擊，以及自己對衝擊的感受。人們在社群媒體公開發表言論時，往往會不自覺地調整措辭，以迎合他人心照不宣的期待。

要正面面對衝擊，我們需要「孤獨」。隨時將一切輕率地發布到網路上，或是立刻找人傾訴，等於是刻意錯過真正重要的事物。習慣手機的現代人，處理不安的方式似乎相當笨拙。

我曾親眼目睹車禍現場，多數目擊者會舉起手機拍攝，或是立刻在社群媒體上發文。除了打電話報警、在不危及自己的情況下救助傷患以外，我們還能做的，難道不就是驚慌失措嗎？這時該做的，並不是為了「消除」恐懼、悲傷與不安，而將這些情緒當作社群上的話題。

當我看到四周的路人盯著手機而不是現場狀況時，心情非常沉重。但是，如果對路人的反應感到震驚、憤怒，因而上網「公審」這些行為，其實就跟他們如出一轍。反射性地即時宣傳自己動搖的情緒，藉此讓自己暫時感到輕鬆，這樣真的對自己有益嗎？為了擺脫擔憂、慌張、動搖的情緒，優先拿出手機與不在現場的某個人聯絡，總讓我感覺本末倒置。

我們必須關注自己的心沉浸在何種情緒中，才能不掩埋或扼殺自己的情緒與感受，並適當地理解、安放這些感受。為此，我們需要「孤立」。不要輕易透過手機與外界連結或獲取刺激。唯有如此，我們才能保有凝視自己、與自己對話的「反芻思考時間」，也就是說，真正擁有「孤獨」。你說對嗎？

即便在開心的時刻，依然需要孤獨

談到這裡，或許有人會想：「原來孤獨對於接受悲傷帶來的衝擊是很重要的。」雖然這麼說也沒有錯，不過，遭受衝擊、感到動搖的時刻不只限於悲傷，開心的時候也是如此。

前面舉的例子，都偏向離別與失去等負面的體驗，難免會造成誤解，還請各位不要將孤獨跟創傷連結在一起。孤獨之所以重要，是因為它幫助我們在心緒受到動搖、感到焦慮與困惑等衝擊時穩定下來。而這種情緒的動搖，也可能發生在正面的經驗裡，對吧？

舉例來說，突然升職、背負更多責任；完成重要任務而獲得更高的評價；中樂透成為億萬富翁；結婚生子；感情壓抑的雙親忽然變得溫柔，這些無疑都是令人內心動搖的情況，也可能造成巨大的壓力。在這種時候，與其急著接收外來資訊或對外發聲，更需要的是保有與自己對話、面對自己的時間。

我就用日本恐怖片《來了》（二〇一八）做個比喻吧。片頭有一對準備生育的男女，丈夫（妻夫木聰飾）待人和善（或者說擅長表面工夫），卻是個不可靠的家人與伴侶，遇到困難就派不上用場。他將心思全放在經營人際關係，對親人毫不關心。

這名男子逃避面對妻子，推卸育兒的責任，反而與職場前輩及同事分享露骨的想法與感受，在部落格上大談自己對育兒的熱情，沉迷於排遣寂寞的行為。面臨孩子即將出生的巨大變化，他受到寂寞的驅使，選擇到處向別人或是在社群媒體上分享自己的感受，渴望與他人建立連結，卻拋棄最親密的妻子以及就要出生的孩子。

他受到寂寞擺布、處於「永遠在線」的狀態而喪失了孤獨，不只忽視眼前的親密關係，也無法認真看待自己初為人父的焦慮和喜悅，反而迎合外界的期待，竭盡全力扮演「帥老爸」的角色。引用奧特加的說法，他拒絕保持沉默，不願傾聽自己的內心，忽視變化的徵兆，放鬆了警戒。

由於這是一部恐怖片，後續發展可想而知。不過，這段劇情可說是一個人「透過過度連結來抹殺曾遭受的衝擊，卻變得無法專心感受自己與他人的情緒，也無法跟自己對話」的最佳寫照。

為什麼我們愈忙愈空虛？——利用所有碎片時間，真的讓你更充實嗎？

前面談了太多關於強烈情緒衝擊的例子，讓我們來思考比較普遍的狀況。不論是否遭遇衝擊，我們在重新檢視自己的生活方式時，都需要自我對話與思考。無論何時都應該偶爾保留孤獨的時間。但是在現代社會，這件事確實很難做到。

各種現代科技和服務提高了生活體驗的效率，像是遊樂園的快速通關、電商網站的當日出貨、全自動家電、Netflix的倍速播放與快轉功能、Amazon及YouTube的推薦系統、交通電子票證的支付功能等等，這些五花八門的「省時」功能，占據了我們生活的核心。

這種消費環境的變化，本意是為了讓我們充分運用節省下來的時間，但這個思維本身就存在問題。特克指出，「我們不讓自己體驗孤獨的美好，是因為我們認為，進入孤獨狀態的每分每秒，都是可利用的資源。」[*61]，實際上，我們並不會把省下的時間用於孤獨，反而只用來填滿其他雜務。握著手機的我們，失去了欣賞風景、純粹聆聽周圍聲音的停機時間。只要拿起手機，就反射性地追逐各種瑣事。

也許有人會反駁：「我可不是一心多用，我沉浸在社群網站（或影片）時，也可以感受孤獨啊！」然而，本書定義的「孤獨」，是指自我（I）與自身（me）對話，而逛社群網站或看影片，反而會分散對自我對話的注意力，跟孤獨扯不上關係。這段反駁中提到的「孤獨」，更接近鄂蘭所說的「寂寞」。

也可能有人認為，自己能夠透過社群媒體正視自己、「認識自己新的一面」。但是，當我們透過社群媒體或遊戲這類線上環境來面對自己、發現自己、理解自己，可能會在不知不覺中迎合這些場域中的暗示與期望。就如特克所言，承受他人的目光時，我們會下意識地扮演他人期待的自己。[*62]

[*61] 雪莉．特克。重新與人對話（Reclaiming Conversation: The Power of Talk in a Digital Age）。

[*62] 同前書。

再加上我們總是隨身攜帶的「手機」，使我們就連一點芝麻小事都要上網分享、互相按「讚」，讓情況更加複雜。或許就是因為無論何時何地、跟誰在一起，我們總要將自己暴露在眾人的目光之下，才會錯失平靜面對自己的機會。

為了與自己對話，我們瀏覽許多文字、照片並不停按「讚」；為了與自己對話，我們將自己的言論與姿態展示於不特定的大眾面前。特克認為，當自我對話也必須依賴社群媒體來完成，最終只會讓我們失去更多。

> 為了感受更多、為了獲得更多的存在感，所以我們上網尋求連結。但是愈是追求連結，我們愈是逃避孤獨。久而久之，孤獨與自我沉潛的能力逐漸退化。〔……〕如果不練習獨自思考，人將難已建立自信並清晰表達自己的觀點。這不只無助於培養合作能力，也阻礙了創新，因為創新需要孤獨的能力，而永遠在線的狀態只會削弱這種能力。*63

因社群媒體而加速發展的注意力經濟，正在分散我們的專注力。孤獨不該被看作是可利用的時間，而試圖透過網路來探索孤獨，更是個糟糕的方法。

手機正在鈍化我們對情感的理解力

我們應該擁有共同的口號：「抵制注意力分散，擁抱孤獨」。手機將我們的任務拆解得更加繁雜，使得處理任務需要的注意力也被分裂成無數碎片。我們愈來愈難以專注於單一事物，而特克對於這個情況的心理學意涵，提出了饒富趣味的見解。

當我們心不在焉時，容易忽略他人言語中隱藏的情緒或言外之意，而這種注意力渙散不只會影響與他人的互動，也會阻礙我們對自己的理解。特克認為，如果我們持續依賴網路，藉由「連線」與「分享」來掩蓋焦慮，將會愈來愈難細膩地感知及深入探索他人與自己的情感跟感受。

實際上，某項研究比較了經常使用手機與較少使用手機的人，發現「隨時在線」會對情感的理解造成不良影響。[*64] 特克的說法是：「經常使用社群媒體的人，不僅難以解讀別人的情緒，甚至無法掌握自己的情緒」。[*65]

*63 同前書。

我們使用手機的頻率，已經遠遠超過「一天用三次，每次幾分鐘」這種田園詩般的純樸境界。不只使用時間長，次數也很頻繁，不斷接受各種應用程式與社群網站帶來無止盡的刺激與互動。這種習慣實際上正在削弱我們判讀他人情緒及心理狀態的能力，也使我們逃避面對自己，扼殺了自己的情緒與感受。[*66]

問題在於，解決之道並不如「丟掉手機、不使用社群網站」這麼簡單。有人提出「數位極簡主義（digital minimalism）」跟「數位排毒（digital detox）」這些概念，主張「刪除社群帳號」、「限制使用社群」，但這樣的討論未免太過簡化。[*67]

公共政策學家克里斯．貝爾（Chris Bail）的《打破社交媒體稜鏡》（Breaking the Social Media Prism）是我在二〇二二年讀過最有趣的書，希望大家都能找來看。而這本書的第七章「我該註銷自己的帳號嗎？」十分有意思。

書中提到，一群社會科學家找來三千名十八歲以上、每天使用臉書超過十五分鐘的美國人，讓他們暫停帳號一個月，並嚴格監控，確認他們沒有在此期間恢復帳號，同時調查他們的心理狀態變化。結果顯示，參加者在停用帳號後感覺更快樂，其他方面也顯現出正面的效果。

嗯，真是個好現象，但接下來才是重點。這些收取酬金並停用臉書帳號的受試者，在為期一個月的實驗結束後，情形又是如何？據說，有百分之九十五的人在一百天內重新回歸臉書。真有意思。不過，你也認為這是意料之內的情況吧？就連我也會想要重啟帳號。

此外，在二〇一八年到二〇一九年，臉書因行為定向廣告與數據運用等資料濫用疑慮，引發美國年輕人響應刪除臉書運動。但是另一項調查指出，大多數人只是轉移到其他社群平台（Instagram、Snapchat或TikTok等）罷了。

---

*64 Elizabeth Cohen, "Does life online give you 'popcorn brain'?," CNN, June 23, 2011 http://edition.cnn.com/2011/ HEALTH/06/23/tech.popcorn.brain.ep/index.html 以及 Clif ford Nass, "Is Facebook Stunting Your Child' s Growth?," Pacific Stanford, June 14, 2017 https:// psmag.com/social-justice/is-facebook-stunting-your-childs-growth-40577.

*65 雪莉・特克。重新與人對話。

*66 雖然無關緊要，但我每次讀到這段文章時，都會想起少年漫畫裡從小開始沒日沒夜不斷練功的角色。我們或許就是用這種磨練某個絕招心態在滑手機也說不定。

*67 以安德斯・韓森（Anders Hansen）的暢銷書《拯救手機腦》為代表，很多討論經常以狩獵採集時代的人類，也就是石器時代為前提，提到「現代環境並不適合人的天性和大腦的運作方式」。但這番論述有個問題，就是它假定人類的身體從舊石器時代至今並沒有任何演進。演化生物學家瑪蓮娜・祖克（Marlene Zuk）批評這種討論是「原始人幻想（paleofantasy）」，反對援引過去來煽動現在與未來面臨的問題。詳情可以參照瑪蓮娜・祖克《Paleofantasy》W. W. Norton & Company（二〇一三）。關於族群在短期內的演化，可以參考曼諾・許特惠森（Menno Schilthuizen）《Darwin Comes to Town》Picador USA（二〇一八），這本書十分有趣，非常推薦。

即使脫離社群網站有很多好處，大多數人仍然無法捨棄帳號、離開社群媒體與數位裝置。我們必須以此為前提來思考這類問題，否則任何討論都毫無幫助。而我認為，「我們無法擺脫社群媒體與網路」這一點，正是手機時代哲學的難題，也凸顯了思考手機相關議題的重要性。

如何避免扼殺重要的感受

——《龍爭虎鬥》的啟發①

如果不希望自己有顆「空洞的心」，就必須避免「扼殺重要的感受」，並接受「沉痛的情緒」。為此，我們需要孤獨，也因此需要孤立。但是，所謂「不扼殺重要的感受」到底是什麼意思？

我無法否認這包含我的個人喜好，不過我認為在思考這個主題時，可以參考李小龍主演的電影《龍爭虎鬥》（一九七三）。「不要想，去感覺！（Don't think, feel!）」這句名言就是出自本片，許多人聽過這句台詞，卻沒有看過這部電影，因此這句話經常被誤解為「別胡思亂想，直接行動」、「做就對了」這類的意思。

我碰巧看過這部片，以現代的娛樂水準來看，劇情或許並不出色；不過，「不要想，去感覺！」這句台詞的出現，其實藏有比上述那些單純解釋更加豐富的語境與意涵。

要理解這句話，首先要注意它的前一句台詞：「我們需要的是情感的內涵。（We need emotional content.）」也就是說，我們要「去感覺（feel）」的是「情感的內涵」。原來如此，有聽沒有懂。情感的內涵到底是什麼？為了掌握它的含意，我們來看看具體的電影劇情。

故事中，主角李小龍正在與人談笑時，一個看似是徒弟的男孩前來找他進行訓練。離席後，李小龍對這名徒弟說「踢我」，但對方的踢技顯得軟弱無力。

那算什麼，表演嗎？我們需要情感的內涵。（What was that, an exhibition? We need emotional content.）

這是從英文直譯的台詞。李小龍認為徒弟的動作「缺乏情感的內涵」，動作中沒有「感覺」而顯得空洞，令人聯想到前面提及的村上春樹短篇小說《木野》中，所謂「空洞的心」的狀態。

有趣的是，李小龍在說出「情感的內涵」這句台詞時，用指尖敲了敲自己的太陽穴。日語字幕將這句台詞翻譯成「要讓你的五感更加敏銳」，但是搭配他手指著頭部的動作，卻顯得奇怪。這句話顯然牽涉到比五感更加知性的層次。要避免「扼殺感覺」，必須運用知性。

徒弟一臉不悅地應要求再次踢腿，這次李小龍告訴他：

我說的是「情感的內涵」，不是憤怒。（I said 'emotional content', not anger.）

從這句話可以看出，李小龍指的並不是某一種具體的情緒，而是內在深處蠢蠢欲動、難以言喻又無法捉摸的感受。

那麼，既然不是憤怒這種具體的情緒，他要的是什麼？這個問題依舊令人摸不著頭緒：所謂「情感的內涵」的到底是什麼？

「不要想，去感覺！」的真正含義
——《龍爭虎鬥》的啟發②

別受限於個別情感，而是要與「情感的內涵」同在。徒弟接受這樣的提醒後，再次踢腿，這次他踢得十分俐落，似乎已掌握到師父話中的某些要點。李小龍相當讚許他這次的表現，問他：

就是這樣！你覺得如何？（That’s it! How did it feel to you?）

讓我想想……（Let me think…）

不要想，去感覺！（Don’t think, feel!）

經典台詞終於登場了。「不要想，去感覺！」這句台詞經過層層鋪陳後才出現，安排非常巧妙，讓我依序解說。

李小龍察覺到徒弟踢腿中展現的潛力，讚賞道「這一腳踢得好」，接著問他：「你在那一刻體會到什麼？」其實，徒弟也說不清楚，只是湊巧踢得好，因此無法馬上回答。他想方設法用語言去說明，因此說出「讓我想想……（Let me think…）」。李小龍抓住徒弟話中的小辮子，指出「不要想」。

這句話可不是抓到對方語病的戲謔台詞。從前面的劇情脈絡來解讀，「去感覺（feel）」強調的是與情感內涵同在的重要性，而「想（think）」則是一種忽視這些情緒伴隨而來的心理變化，心靈趨於僵化的姿態。也就是輕易下定論，並停止繼續思考與觀察的心態。

回顧我們平常的「思考」模式，就會發現，在我們覺得「懂了」後，總是有些細微的感受悄悄溢出我們理解範圍的邊界。或許，我們該「去感覺」的就是這些細節。*68

在我看來，「情感的內涵」（＝感覺）也可以說是「抓住情緒的尾巴」。這是指，當發生某些細微的變化或期待落空時，那些無法概括為單一想法或單純觀點的感覺，會像霧靄一樣瀰漫開來。你以為自己「懂了」，其實仍遺漏了些什麼。「情緒的尾巴」指的就是這種煩悶的感覺。李小龍所說的正是：當察覺到從思考與理解邊界滲出的感覺時，千萬別放過，趕緊一把抓住它。

不要停留在眼前的理解（也就是自己已知的範圍），而應該留意那些滲出的細微感受，這也呼應了我們前面的討論。簡單來說，「不要想，去感覺！」的真正的含意就是：「別以為光靠自己思考，事情就結束了！」

別被指尖迷惑
——《龍爭虎鬥》的啟發③

但是，比起「不要想，去感覺！」，更重要的名言警句，其實是緊接在後的這句話。李小龍指著天空，說：

> 這就如同指著月亮的手指。別被指尖迷惑，否則你會錯過月光的榮耀。（It is like a finger pointing away to the moon. Don't concentrate on the finger, or you will miss the heavenly glory.）

李小龍希望我們關注的，是手指指向的月亮與月光。我們必須留意那些超出簡單想法與理解範圍之外的細微感覺，抓住它的尾巴。

這些細微的感覺，也就是「糾結」與「消化不良」的感受，而「情感的內涵」顯然與這些感受有關。李小龍用「別被指尖迷惑」這句話，指出「情感內涵」的重要。

為什麼這麼說呢？因為「情感的內涵」裡有「動靜」。當我們做出判斷或產生

*68 這就等同於第二章，理解落入了「自己已知範圍」的問題徵結，只是改由不同方式來表現。請各位再回頭重讀那一段。

意見，導致內在出現霧靄般不協調的感覺或聲音，我將它們稱作「情感的尾巴」。我們不清楚它的全貌，也不清楚它到底在表達什麼，甚至可能有好幾種聲音交雜，但我們至少知道它們有話要說，且正朝著某個方向移動。「我們需要情感的內涵」，其實是在說：我們必須具備一種感性，能夠去覺察這些模糊的感受。

如果要進一步解讀，月亮與手指的比喻也可以看作是強調「方向感」的重要性。我們的判斷與意見並不是答案或結論，更像是思考該往哪個方向前進的起點。也就是說，別把自己的觀點當作終點，而是要尊重那些遺漏的想法與感受，將它們視為指引我們的方向感。

所以，「不要想，去感覺！」並不是鼓勵人坐而言不如起而行，也不是要大家不思考就做判斷，而是仔細體會原本被壓抑、扼殺的「感覺」，領悟出它要引導我們走向哪裡。

而要做到這件事，就不能讓注意力被影音或社群媒體分散（＝缺乏孤立），同時也要透過思考（＝自我對話）來解讀自身的情緒波動。縱使這樣的覺察只發生在短短一瞬間，也不是單靠直覺就能完成，知性也非常重要。因此，李小龍才會在說到「情感的內涵」時，一邊用手指輕敲自己的頭。

總覺得好像變成《龍爭虎鬥》的電影解析了，我們回歸正題吧。活在手機時代的我們需要孤獨和孤立，有了這些要素，我們才能專注感受內心的感覺，並與衝擊的經驗（強烈的情動體驗）達成和解。透過孤獨（自我對話），我們得以抓住發出動靜的「情感尾巴」，凝視它所指向的方向。

到這裡，各位是否也覺得，「別被指尖迷惑」這句話，也像是在提醒我們：別總是滑手機。這麼看來，《龍爭虎鬥》的台詞顯得更有深意了。雖然，也可能是我過度解讀了。無論如何，《龍爭虎鬥》中的這段對話，確實讓我們重新回顧了前面討論過的觀點。

專欄

孤獨與孤立的價值，為何需要被重新認識？

在大眾社會理論中，有個擔憂是：隨著巨大「社會」的形成，人民的「主體性」將會遭到腐蝕（政治參與、社群及地方的意義將會改變），而面對這個問題，有兩種可能的思考方向。第一種方向，是適度恢復人與人之間的連結及公共性（指整體社會可以進行理性討論與形成共識的狀態），進而找回主體性；第二種方向，是跟連結及社會性等要素拉開距離，透過孤獨（斷絕）來重建主體性。

第一種方向，是強調「審議、討論」與「民主主義」概念的政治理論中常見的邏輯。但是，本章已經指出，在這個隨時都能透過網路建立連結與對話的時代，「連結很重要、對話很重要」的說法，恐怕只是空泛的口號。因此，這個路線應該很難實踐。

如果透過具體例子來說，現代人在與人建立連結、交談時，往往是互相傳送LINE貼圖、在對話中用誇張的肢體語言表示自己深有同感，彷彿只是彼此按「讚」般的關係；否則就可能會陷入另一個極端，例如（社群媒體上司空見慣的）謾罵與人身攻擊等爭吵。我們活在一個建立連結再容易不過的時代，「連結」、「羈絆」、「對話」、「公共性」這些詞彙，總能帶給我們正面的印象，但實際與人建立關係及對話的過程中，卻經常淪為彼此揣測氣氛而不敢說真話，或重複同溫層內的封閉溝通，又或是假裝討論、實則相互叫罵的場面。連結與對話固然重要，但並不是訴諸這些詞彙，一切就能順利運作。

相較之下，我的觀點是「不刻意尋求對話與連結，反而更能建立適當的對話與連結」。意思是，不妨先與溝通及刺激保持距離，面對因此感到無聊跟焦慮的自己，最終才能擴展理解自我與他人情感的能力。

像這樣刻意遠離社交與溝通的作法，在哲學中經常與「觀照（contemplation）」這種超脫、獨自思考的姿態連結在一起，而這確實存在某種風險。

有人批判這種超然的形象過度神化哲學的地位，這類批判也很合理（實用主義就是這類批判的先驅）。但我認為，只要在進行哲學思考時，正視這些批判並加以修正，重新重視「孤獨」的價值，那麼在手機時代，哲學依然經得起考驗。在隨時隨地、任何人都能保持連線，任何大小事都要上網分享的世界，「孤獨」為我們展示了一條吸引人的路線：「斷線」的可能性。

第4章

在永遠在線的世界裡，我們受到〈寂寞〉擺布，愈來愈難以真正保有〈孤獨〉。那麼，我們該如何對抗這個現象？

這一章將聚焦在進入〈孤獨〉狀態時不可或缺的〈嗜好〉。專注於嗜好，就彷彿與社會生活隔離，全心投入於創造與培育某些東西。而幫助我們專注於嗜好的重要能力，就是所謂的「消極能力」。

為了好好面對自記，不再逃避；為了在深陷迷惘時也能闊步前進，讓我們一起尋找可行的途徑。

「嗜好」是
最好的孤獨練習

參與一切，卻失去自己：FOMO的陷阱

尼采說，現代人忙於粗活，藉此逃避面對自己；奧特加則認為，我們雖然生活在人群聚集的城市裡，卻不願意聆聽別人，反而自說自話，認為自己最有資格下定論，輕率地主張自己的意見；鄂蘭則是用「寂寞」一詞來概括這樣的狀態。

如今，人手一台能將注意力粉碎的手機，這三位思想家的批判格外令人印象深刻。我們總是在意自己能否吸引眾人關注、是否有人按讚、訊息是否被已讀；我們拚命追捧萬眾矚目的網紅及時下的流行趨勢。

然而，這些行為的日積月累，削弱了我們理解自己與他人情感、感受的能力。我們本應像李小龍對徒弟的忠告那樣「抓住情感的尾巴」，卻親手放棄這份能力，這是上一章內容的大意。

此外，值得補充的是，愈沉迷於社群媒體的人，往往愈孤單；對人生愈不滿意，也愈容易失去自信。*69 每當我談到這裡時，總有人搶著回應：「這就是追求認同嘛！人類天生就渴望追求認同，對吧？」

這種想法並沒有錯，但它涵蓋的範圍太大了，幾乎能套用在所有情況。如果我們把一切歸結為「追求認同」，就會產生「我明白了」的錯覺而停止繼續思考。所

以，請各位先把「追求認同」這個萬用的詞語封印起來，跟著我繼續看下去。可別被「指尖」迷惑了。

話說回來，為什麼社群媒體反而讓人更寂寞？為什麼我們與這麼多人保持連線，仍感到孤單，渴望依附他人？讓我們帶著這些疑問繼續前進。

當我們在社群媒體上獲得讚、分享、貼圖或轉發時，會產生自己備受肯定與關注的錯覺。但是，這股安全感與自信的背後，其實隱藏著焦慮。明知道該適可而止，卻仍不停地更新社群動態，通常就是因為這股揮之不去的焦慮。為了掩飾「被拋下」的不安，我們才如此渴望隨時在線。

特克採訪過一個女孩，她表示「我最大的恐懼之一就是遭到朋友冷落或錯過什麼。」因此她總是頻繁地查看臉書，因為「臉書可以安撫那種恐懼」。[*70] 這個女孩感受到的恐懼稱作「Fear Of Missing Out（錯失恐懼症）」，簡稱為「FOMO」。各位大可把FOMO當成寂寞的另一種說法。

---

*69 安德斯・韓森。拯救手機腦（Skärmhjärnan）。

*70 雪莉・特克。重新與人對話。

如今，無論是網路話題、實體活動，還是爆紅美食、妝容、穿搭，「親自參與」的價值變得愈來愈高。「親自參與」不只意味著共享同一個空間，也代表共享同一段時間的經驗。各種關於「時間價值」的討論，也間接證明了我們探討的方向正確無誤。[*71]

我們活在害怕錯過的恐懼之中，總認為「必須親自參與」、「必須跟大家同時經歷」，這種情感就是「FOMO」。我們必須冷靜地意識到，當自己受到FOMO驅使而打開社群媒體時，就等於是主動踏入惡性循環。拚命追逐網路資訊與快節奏的溝通交流，並不能真正消除恐懼。

雖然臉書可以安撫這種焦慮，但引發焦慮的，正是臉書本身。利用社群網站消解寂寞，就等同於喝酒來舒緩宿醉。當「參與」的價值愈高，FOMO也愈強烈。一味追趕（＝拚命參與）話題與流行，只會使FOMO更加嚴重。[*72]

精神科醫學專家安德斯・韓森引用一項社會調查指出，花在社群網路上的時間愈多，人們的幸福感就愈低。他還提到：

> 我們很容易誤以為，因為使用社群媒體，我們的社交生活變得更加豐富、更有意義。然而，那並不能取代真實的社交活動。[*73]

韓森的評論很有道理，我們也都很清楚：我們的生活需要有真實的他人才能成立。然而，正因為這是眾所皆知卻無能為力的事，韓森與其他數位極簡主義者的這類主張，往往帶著一股說教味。

儘管網路無法等同於現實，卻依然讓人無法自拔，這正是「手機時代的哲學」所面臨的困境。當我們渴望與他者互動時，第一個反應就是連上網路。就這樣，我們一整天沉浸在手機帶來的刺激中，即使沒有實際使用手機，那種一心多用的習慣仍延續到與人面對面的交流中。既然手機與社群媒體已無可避免，那麼，我們更應該正視並解決這個現象帶來的問題。

---

*71 松岡真宏『時間資本主義の時代』日本經濟新聞出版；鈴木謙介『誰もが時間を買っている』セブン&アイ出版。

*72 此外，收到大量的讚、成為話題人物後所產生類似賭博的快感，也值得納入考量。因為不同的人做相同的事，未必能夠得到同樣熱烈的反應，這種回饋具有隨機性，令人期待「也許我會紅」，於是帶來賭博般的快感及依賴性。《拯救手機腦》中，也討論了手機如何高明地利用我們大腦的獎勵系統。不過，《拯救手機腦》的討論過於簡化，各位最還好還是保持質疑，這本書可能沒有反映出難以消化的現實困境與複雜程度。

*73 安德斯・韓森。拯救手機腦。

情緒理解無法即時完成

當FOMO與寂寞主宰了我們時，溝通會變成什麼樣子？大概就是制式化的互動，像是傳送簡短的訊息、貼圖、朋友之間的慣用語、網路用語、流行語，或者是特定的網路迷因。

重點在於，這種制式化的溝通並非為了細膩地推敲彼此的意圖，藉此讓交談更順利或達成共識，也無法改變彼此的態度，而是以「保持連線」為目的的溝通方式。對話目的並不是進行有內涵的互動，而是設法延續對話。這種「為了連結而連結」的互動模式，又稱作「連結的社會性」。[*74]

特克當然也發現了這種溝通形式的轉變。她觀察到，學生們會機靈且迅速地分享圖片、照片或短訊，讓聊天不斷延續下去。她相當佩服，但也對此提高警覺。

原因在於，一旦對話內容變難、無法理解時，學生們往往不再深入追問與思考，不願意「努力將難以咀嚼的想法用語言表達出來」，而是選擇傳送表情符號來輕鬆應付。[*75]特克的擔憂是，這種溝通模式會讓學生愈來愈習慣忽視那些「糾結」、「消化不良」、「晦澀」的情感。

特克認為，當「連結本身」成為目的，人們將失去理解複雜事物、細膩情感、微妙的感覺與模糊的情況的能力。前面提過「手機降低了我們理解自己與他人情感的能力」，這也支持了特克的論點。

研究社會情感的神經科學家瑪麗—海倫・伊莫迪諾－楊（Mary-Helen Immordino-Yang）跟安娜・達馬西奧（Hanna Damásio）等人的研究，也曾提出類似的議題。這項研究探討的是與痛苦經驗相關的神經迴路。研究指出，大腦在處理精神上的痛苦時，其實是借用了處理肉體痛苦的神經迴路。此外，我們在理解他人的痛苦時，也可能是藉由自身處理痛苦的神經迴路來達成。

雖然研究結果有些難懂，不過，達馬西奧等人解讀出的含義很單純：神經處理自身肉體痛苦的速度最快；相較之下，處理精神痛苦則需要更多時間；而理解他人痛苦的速度則最慢。從這項研究可以得知，我們不可能即時理解自己的心靈創傷或是別人的痛苦（尤其是精神上的痛苦）。

實際看看這篇論文的「討論」部分，其中提到「為了引發及體驗與他人心理狀況相關的情緒」，我們可能「需要更多時間」針對其文化、社會背景「進行內省式

---

*74 社會學家北田曉大將新媒體技術（手機）的問世作為背景條件，以意義傳達導向與連結導向（聯結的社會性）的對比進行論述。北田曉大『增補 広告都市・東京：その誕生と死』ちくま学芸文庫，二〇一一。

*75 雪莉・特克。重新與人對話。

處理」。*76

這意味著，想要真正感受他人的心理狀態，我們需要一定時間的「思考」（＝內省式處理），絕非「即時」就能處理完成。

這麼一想，確實合理。在山下知子的漫畫《異國日記》裡，有一名高中女生逐漸發現，自己的戀愛感情與世俗定義的「普通」不同。當好友問起她的戀愛狀況時，她不斷閃躲、故意用禮貌的說詞閃避，或拒絕回應來結束話題。*77 在對話中有個瞬間，她僵住了臉，無言以對。如果我們想要從這段複雜的互動中，細膩地解讀她所承受的精神痛苦，就需要相應的知識，以及建立在這些知識上的想像。

在日本社會中，好友之間彼此打趣、談論戀愛話題並不稀奇，然而，社會對於性少數族群的理解與考量，其實並不普及。因此，即使面對親密的朋友，這個女孩依然難以坦白自己的性取向。從這段故事可以看出，她對隱瞞自己的性向感到內疚。然而，突兀地結束戀愛話題，或許會讓朋友感到奇怪。這些痛苦的情感，如果缺乏相關的文化與社會背景知識，是無法想像的。

這麼看來，要了解他人的心理狀態，我們必須刻意保留時間，去處理那些「不易理解」的事物。即使處於「消化不良」的糾結狀態，也要努力設法去咀嚼與理解它。而這個過程需要「內省式處理」（＝思考或自我對話），因此，孤立與孤獨格外重要。從這個意義上來看，達馬西奧等人的研究，相當於為「孤獨的重要性」背書。

實際上，達馬西奧團隊或許也認為自己的研究可以用這樣的脈絡來解讀，因此在論文的討論部分中，將研究結果與「永遠在線」及「多工處理」等議題結合。論文中寫道，「數位時代的特徵是耗費注意力的快速與同步處理，這會降低人們充分體驗情緒的頻率，並可能造成潛在的負面結果」。[*78] 當我們不斷透過手機進行以「連結的社會性」為基礎的即時溝通，可能會因此錯失想像那些難以理解的心理狀態，以及與他人心理狀態產生共鳴的機會。

「隨時在線」的狀態，正在奪走我們專注於心理狀態時所須的孤立，以及透過自我對話深入探索自己的機會。我們幾乎每天都在反覆「練習」不去細膩地理解自

---

*76 Mary Helen Immordino-Yang, Andrea McColl, Hanna Damasio, & Antonio Damasio, "Neural Correlates of Admiration and Compassion," Proceedings of the National Academy of Sciences, 106(19), 2009, p.8024, doi:10.1073/pnas.0810363106.

*77 山下知子。異國日記5。第二十一話。

*78 Yang, McColl, Damasio & Damasio, "Neural Correlates of Admiration and Compassion".

己與他人的情緒與感覺。我想要再次提醒各位，我們正走在這條危險的道路上。

寂寞如何支配我們
——《新世紀福音戰士》的哲學①

當寂寞在心中擴大時，情感的主導權不再由我們掌握，反而是情感開始擺布我們。其實，寂寞或FOMO雖然包含著渴望他人陪伴的心情，但這並不等於我們真的關注「他人」。實際上，寂寞是一種「不想要孤單一人」的需求，因此，關注的聚光燈其實是打在自己身上。感到寂寞時，不代表我們對他人或世界產生好奇心。

《新世紀福音戰士》（以下簡稱EVA）這部作品，精準地描繪了我們身處在人群裡卻感覺自己孤單一人，想要依附他人卻又互相傷害的的狀態。因此，我想帶著大家透過EVA來思考該如何與寂寞共處。

EVA的登場角色就像是從鄂蘭和特克筆下走出來的人物，給觀眾一種「身處人群中，卻始終感到孤單」的感覺。這些角色，有的對他人擺出權威的姿態，有的過度依賴身邊的人，有的以攻擊性的舉止對待別人，有的逃避自己的問題與義務，有的疏於關懷別人。這部作品，彷彿是由無法忍受寂寞的人類群像編成的型錄。

EVA裡多次出現「寂寞」這個詞。例如電視動畫第二十三集〈淚〉中，綾波零說明了寂寞的定義：

> 妳不想要孤單一個人吧？雖然有很多個我們，妳卻是孤單一個人，很痛苦吧？那就叫作「寂寞」。

這正是鄂蘭所定義的寂寞。

鄂蘭以愛比克泰德為例來談論孤獨與寂寞時，提到下面這段話：

> 在愛比克泰德（Dissertationes, Book 3, ch. 13）看來，寂寞的人雖然受到他人圍繞，卻無法與他人產生聯繫，或是暴露在他人的敵意當中。〔……〕在寂寞的狀態中，我實質上是一個人，被所有人給拋棄了。[*79]

可見EVA中「寂寞」的概念，與鄂蘭的定義幾乎完全符合，而這一點更深刻地

---

*79 漢娜．鄂蘭。極權主義的起源。

體現在葛城美里這個角色上。她失去了曾與自己有深厚精神羈絆的人，因而陷入迷惘。同樣在第二十三集〈淚〉中，美里試圖向極度沮喪的主角碇真嗣提供（帶有幾分性暗示的）安慰，但在遭到拒絕後，她說出這段話：

> 他明明感到寂寞。或許他害怕女人。不，他害怕與人親近。片片，過來。〔片片也拒絕靠近美里〕我懂了……對象是誰都可以。真正感到寂寞的人是我。

「片片」是跟美里住在一起的可愛企鵝。美里並沒有在無法承受的情緒衝擊下失去冷靜，而是試圖保持鎮定，扼殺了「最重要的感覺」。因此，她並沒有察覺自己的寂寞，反而本能地索求他人的陪伴。這段台詞就是她意識到自己真實感受的過程。

美里渴望藉由他人來為自己取暖、填補寂寞，卻無法真正「接觸他人」。這也正好符合鄂蘭所定義的寂寞。

精神不穩定與不自覺的寂寞，導致美里做出可悲的舉動。我也很明白這種軟弱（畢竟我也曾受過傷，也有一兩段一回想起就想要原地消失的過往）。這種心情，就像置身在形形色色的人群中，卻仍心想著「對象是誰都可以」，只希望有人來陪伴自己。

各位可以想像一下，在交友軟體上說著「今年一定要找到另一半！」「想要在聖誕節以前脫單！」或是「我們要是〇歲以前還沒人要，就在一起吧……」的人們。這些例子應該充分展現了人們自寂寞而生的「誰來都好」的心情。

當我們受困於嚴重的精神焦慮時，每個人心中都住著一個「美里」。然而，美里最終察覺到自己的迷失，或許也因此比我們都更早一步學會面對寂寞。

「嗜好」是寂寞的處方——《新世紀福音戰士》的哲學②

EVA不僅展現了受到寂寞擺布的人，也描繪了能夠與寂寞及FOMO妥協的人，他就是加持良治。故事中，他談到〈嗜好〉（hobby）的重要。而我認為，這是幫助我們保有「孤獨」的重要線索（這個論點其實源自我在其他著作中的討論）。[*80] 不過，在得出這個論點之前，我們需要先一步步奠定基礎，因此，讓我們繼續看下去。

*80 Yoshihiro Tanigawa, "Loneliness and Watermelons," in Christian Cotton, and Andrew Winters, eds., Neon Genesis Evangelion and Philosophy: That Syncing Feeling, Open University, 2022, pp.113-27.

在電視動畫第十七話〈第四個適格者〉和《福音戰士新劇場版：Q》中，都有加持良治種西瓜的場景。儘管加持的間諜身分已曝光，隨時可能被組織暗殺，他仍然帶領主角（碇真嗣）參觀他的西瓜田，幫西瓜澆水。令我印象深刻的是，加持在與主角的對話中，使用了〈嗜好〉這個詞。

讓我們看看具體的對話：

真嗣：這些是……西瓜嗎？

加持：對，很可愛吧？這是我的嗜好，沒告訴過任何人。創造、培育某樣東西是件很棒的事。可以注意到各種事情，並從中學習，比方說快樂的事情。

在攸關世界存亡、自己面臨生命危險的時刻，加持卻悠哉地種著西瓜。這件事既不是非做不可，也沒有實用價值。加持單純是將時間花在能夠創造出某些東西的〈嗜好〉上。

值得一提的是，加持還沒有採收西瓜，就從故事中退場了。可見他的〈嗜好〉

並不是為了追求認同或取得成果，與實用性或他人的評價也毫無關聯。他創造、培育某樣東西，並不是為了上傳到社群媒體，吸引別人按「讚」，也不是為了上網販賣技能、經驗或商品，他純粹是因為想種西瓜才種西瓜。就算明天世界就要毀滅，或是自己將會死去，他都要種西瓜。

我們可以看出，加持並未受到FOMO影響。如果他受到FOMO驅使，應該會希望〈嗜好〉發揮用途，或是透過嗜好提高他人對自己的評價，抑或是乾脆放棄〈嗜好〉，專注於關乎世界存亡的重大任務吧。但他並沒有這麼做。他不在乎自己因為錯過什麼、落後什麼或沒有親眼見證什麼而吃虧。

或許更準確地說，一旦陷入FOMO，是沒辦法真正擁有〈嗜好〉的。因為〈嗜好〉需要「孤立」，也就是不受他人干擾、全神貫注的機會。加持對〈嗜好〉的投入，已經到了根本不在乎趕上流行或參與任何話題的程度。

由此可見，嗜好與「孤立」有密切的關連。那麼，嗜好與「孤獨」又有著什麼樣的關係？[*81]

*81 我想各位應該已經充分了解這裡所說的〈嗜好〉與平常的語感不同，所以接下來就直接省略單書名號。

沒有人真正寂寞：讓「他者」住進內在

——《新世紀福音戰士》的哲學③

能夠「創造、培育某樣東西」的嗜好，至少需要具備「孤立」這個條件。從加持說自己「沒告訴任何人」這一點，可以確定他所謂的「嗜好」，是在與他人隔離的情況下進行的行為。

那麼，嗜好是如何幫助我們保有孤獨？在思考這個問題以前，讓我們重新確認一下鄂蘭筆下「寂寞」與「孤獨」的對比。

在愛比克泰德（Dissertationes, Book 3, ch. 13）看來，寂寞的人雖然受到他人圍繞，卻無法與他人產生聯繫，或是暴露在他人的敵意當中。孤獨的人則相反，他是獨自一人，因此「能夠與自己在一起」，因為人類天生擁有「與自己對話」的能力。換言之，在孤獨狀態中，我是孤身一人（I am "by myself"），卻同時與自己在一起（together with my self），因此形成「一個人當中有兩個自己」（two-in-one）的狀態。然而，在寂寞的狀態中，我實質上是一個人，被所有人拋棄了。嚴格來說，所有的思考活動都是在孤獨狀態下完成的，是「我」與「我自己」之間的對話。[*82]

重點在於，孤獨中的「思考」，是以「自我對話」的方式進行。那麼，「對話」又是什麼？

身為一位公共哲學家，鄂蘭以探討人們如何進行公共溝通而聞名。她強調：作為「政治參與主體」的每個「個人」（＝唯一的存在）彼此之間都是不同的。同時，鄂蘭也提出另一個觀點：「一個人的內在，存在著多個自我」，這就是前段提到「一個人當中有兩個自我（two-in-one）」的狀態。雖然鄂蘭所說的是「兩個自我」，但實際上理解為「多個自我」也沒問題。因為這些「自我」，可以解讀成自己或他人評價中的自己（客我／自為），與注視著這些面向的自己（主我／自在）。

EVA電視動畫第十六話〈致死之病，然後……〉中一段主角碇真嗣的自我對話，可以作為思考「自我」時的參考。[*83]

*82 漢娜．鄂蘭。極權主義的起源。

真嗣：人的心中有另一個自己，所謂的「自己」一向是由兩個自我所組成。

真嗣：兩個自我？

真嗣：被別人看著的自我，還有觀察現實的另一個自我。甚至有許多叫作碇真嗣的人。

真嗣：你心中的另一個碇真嗣，葛城美里心中的碇真嗣，惣流明日香心中的真嗣，綾波零心中的真嗣，碇源堂心中的真嗣。

真嗣：他們各自都是不同的碇真嗣，卻也是真實的碇真嗣。你害怕的是別人心中的碇真嗣。

這裡所暗示的，正是是鄂蘭所謂「一個人當中有兩個自我」的概念。相較於「兩個自我」，更像是「分裂成數個人的自己」。在不同場合與人際關係中，我們都同時擁有多種自我（＝分人[*84]）。前文之所以寫道「讓他者住進自己的內在」，就是基於這樣的理解。

嗜好讓我們與多重自我相遇——以《新世紀福音戰士》的哲學④

思考並不是自言自語，也不是一段聲音的回音，而是自我之間的「對話」，所以我們的內在必須擁有不同的存在（＝他者）才能成立。也就是說，擁有多個不同

*83 詳細來說，這是化身為另一個真嗣的敵人（使徒）與真嗣之間的對話。但是在這段對話中，無法確認誰是敵人、誰是真嗣本尊，所以實質上可以說是真嗣的內在對話。

*84 「分人」是小說家平野啟一郎自創的名詞。他認為，比起將人類視為單一的存在，不如將人理解成可以依據狀況與關係展現出多種「人設」的個體（《分人：我，究竟是什麼？》平野啟一郎）。不過，我對這本書的論述持批判態度，因為它忽略了我們往往輕易把自己單一化、抹滅自身多重性的傾向。考慮到智慧型手機與自我成長文化加劇了寂寞，也讓自我「趨於單一化」，我主張應該在自身中有意識地「安置他人」，讓自我變得更有多重性。這正是本書與平野「分人主義」的不同之處。順帶一提，在電視劇《初戀的惡魔》（二〇二二）中有句台詞：「我的內在有馬鈴薯燉肉跟可樂餅」，也可以解讀為是在暗示自我的多重性。

的自己，是建立自我對話的條件。「對話」並不會將我們帶往預設的結果或預期中的方向，反而可能通往意想不到的地方，因此它不完全可控。思考（＝自我對話）能夠成立的前提，就是在自己的內在擁有這樣的「他性」（他者性）。

這個見解呼應了法國詩人保羅・瓦勒里（Paul Valéry）的思想。美學研究家伊藤亞紗也指出，瓦勒里在探討「獨自一人」、「與自己在一起」這些存在方式時，認為重點並不是排除他人的觀點，而是要主動追求「像是與他人在一起般，與自己同在」的姿態。[*85] 瓦勒里屏棄那種局限於單一自我的觀點，或退回內心世界的封閉式邏輯，他認為，接受自己的多重性，才是藝術表現的根本條件。

瓦勒里認為，在「寫詩」這項創作中，多重自我可以發揮很大的作用。依照他的見解，我們需要透過創作，也就是透過「創造、培育某樣東西」的嗜好，反覆進行「自己」與「他者」之間的自我對話。[*86] 在孤獨之中，我們才得以進行思考（＝自我對話），而「嗜好」能夠幫助我們保有孤獨。

請大家記得寫詩跟種西瓜的例子，讓我們繼續深入探究嗜好與孤獨的關係。創造、培育某樣東西，是一段無法預見未來的過程。西瓜會長成什麼大小？出現什麼花紋？要怎麼栽培才能長得更大？會不會枯死？我們終究無法完全掌控這一切。

我們沒辦法全盤掌握西瓜的成長，就如同事情永遠都有超出預測、預設、控制之外的部分。

在這個時候，我們所創造出的東西，對我們而言，就如同「他者」（疑惑）的存在一般。創造或培育某樣東西時，這些作品既與我們有所關聯，卻又存在於我們之外。當我們寫詩跟種西瓜時，詩與西瓜都會向我們提出各種問題。嗜好與「理解、回應來自創作物的提問」，兩者密不可分。

在這種與疑惑互動的過程，有助於培養出符合自我對話條件的多重自我。而且，這些自我與在各種人際關係中形成的自我不同，是透過與「事物」之間的關係而產生的自我。

正因為嗜好提供了不同自我之間互動的基礎，我們才能說「嗜好是通往孤獨的道路」。所以，我們共同的口號應該從「抵制注意力渙散，擁抱孤獨！」改成「抵制注意力渙散，培養嗜好！」聽起來還不賴吧？[*87]

---

*85 伊藤亜紗『ヴァレリー 芸術と身体の哲学』講談社学術文庫，二〇二一，58頁。

*86 同前書。

*87 我在重寫這一段時發現，除了種西瓜和寫詩以外，養貓跟養狗也可以歸類在這類「嗜好」中。貓狗難以控制，我們通常也不是為了博取名聲或好處才養牠們的。但這麼一來討論內容會變得太複雜，因此我們還是先專注在「創造東西」的嗜好上。不過，「嗜好」這個概念本身就足以包容不同的解釋。

透過嗜好，重新認識自己
——《新世紀福音戰士》的哲學⑤

前面已經討論過「創造、培育」（＝嗜好）能夠帶來孤獨。當我們親手製作或照顧某樣東西時（例如西瓜），那樣東西會以「他者」的姿態呈現在我們面前。在與西瓜的關係中形成的自己，也就是在栽培西瓜時呈現出來的自己，與其他情境中的自己並不相同，這正視自我對話得以展開的契機。

關於這個部分，我最想探討的，是前面談到的「西瓜」與「詩」的他者性。凡是專心投入創造的人，應該都能立刻體會，我們所創造的「東西」彷彿會向自己提問。這時，不只是我們注視著這個「東西」，這個「東西」也注視著我們。

那麼，在創造某樣東西時，這個「東西」的他者性是什麼？為了深入探索這個問題，我參考了心理學家橫地早和子關於創造與創作的研究。

她的研究著重於製作與創作過程中的試錯及探索。透過在創作中進行探索性的實驗與思考，原本模糊不清的創作目標、意義以及自己的興趣跟風格，將會愈來愈清晰，最後逐漸培養出創作所需的訣竅與技巧。*88

如果將這個觀點濃縮、結合我們的討論並重新整理，可以說：透過創作過程中的摸索，我們能夠理解許多事物，也正在逐漸形塑自我。這裡所謂的「理解」，可以解讀成「疑惑正在向我們提問」的經驗，而「逐漸形塑自我」，則代表新的自我不斷分裂與生成。

舉個具體的例子來看，在電影《新世紀福音戰士劇場版》的製作紀錄片《再見了，所有的福音戰士～庵野秀明的1214日～》（NHK）中，導演庵野秀明的一段發言，令我聯想到橫地的觀點。庵野秀明採取的是「邊寫邊拍」的創作手法，不會事先反覆修潤腳本，而是跟登場人物一起面對疑惑與事件。在片中，他這麼說道：。

畢竟是邊寫邊拍，所以寫的時候我自己也不清楚接下來想要什麼。銜接不上是當然的，因為我自己也還沒想過。寫到那裡才第一次想到那個東西，所以觀眾也是看到那裡才第一次感受到。

＊88 橫地早和子『創造するエキスパートたち：アーティストと創作ビジョン（越境する認知科学6）』共立出版，二〇二〇，168頁。

庵野導演的這番話，講述了將自己的創作當作「疑惑」來看待，並仔細品味這份疑惑，逐漸釐清其中意義的過程。

負責台詞演出的山田陽也在鏡頭前提到了同一件事：

好像知道答案，又好像不知道。這種作品很少見吧？庵野先生心裡應該是有個底的，但是他希望在拼圖拼完前，有人能給出台詞來。

創造與培育某樣東西，必然伴隨著一段與「消化不良的疑惑」共處的時間。

藝術家與創作者在摸索一個絕佳點子或表現方式的過程中，需要深入了解的，不只是作品主題與核心思想，更包含對自我特質的認識。如果只是在心中自言自語（獨白）般嘟囔著問題，是不會自動加深理解的。那不過像是嘆氣，讓人產生「好像在思考」的錯覺罷了。

真正能加深理解的，是去面對創造對象的他者性。嗜好的價值在於，它能「藉由外在事物（道具、中心思想或創作對象本身）」來產生自我對話。*89 以這些外化的事物為媒介，我們在不斷感受與思考的過程中，將會逐漸看見自己正在創造的東西的意義與方向，進而明白自己心之所向。

作家與作品的談話：創作中的自我對話

我個人非常清楚那種「與自己創造的事物對話」的感覺。就如橫地早和子在書末所暗示的（雖然她沒有明說，不過197－198頁可看出類似提示），這是一種與研究跟寫作經驗相通的體驗。在寫這本書的過程裡，我模糊的目標、關心的議題與主題，也是透過不斷重寫、刪除、銜接與重組的探索過程中的累積，逐漸有了更明確的方向。

我不記得自己究竟反覆重寫多少次、刪掉了多少寫好的段落。那些被刪去的文章不下數萬字。但是，也是在這個過程中，我一次又一次地發現：「原來我想說的是這個」、「原來我一直很關注這個話題啊」、「那裡跟這裡可以互相呼應！」我親身體會到加持良治的那句台詞：「創造、培育某樣東西是件很棒的事。可以注意到各種事情，並從中學習。」

從「透過外化的媒介進行自我對話」這個觀點來看，「書寫」在「創造」行為

*89 同前書，167頁。

裡之所以意義深遠，是因為當我們將腦中流動的思緒以文字具體化，讓它「固定」在外部世界，那些文字雖然出自自己，卻又像是他人的言語般陌生。

當初寫下的措詞，與我此刻的想法略有不同。書寫當下那股生動飛躍的思緒，與後來回頭閱讀時的思考，處於不同的頻率。我會善用這種頻率的差異去重新書寫，仔細品味、補充、刪除、修改與重組當初的點子跟表現方式。

我會讓自己創造出的字句沉澱一段時間，再重新閱讀與改寫。當初寫下的字句，就像是別人對著正在閱讀的我、重寫的我說話。我就是用這樣的方式寫下這些文章。

這個過程，正是實現了漢娜·鄂蘭所說的「一個人當中有兩個自己」，我分裂成了「當初書寫的我」跟「重寫的我」，這種分裂也透過文字在物理上具體呈現出來。

重寫的我，不斷接收來自當初書寫時的我提出的疑問。而究竟收到了多少疑問、兩個「我」之間進行了多少對話，左右了文章的完成度。

「當初書寫的我」是過去思考的痕跡，而「重寫的我」則沿著那些痕跡持續思考，兩者必然有所不同。正是這之間的落差，使我與我自己得以展開對話。前面提過的詩人瓦勒里也認為：「書寫就是對自己說話。」這也是他喜歡討論「自我多重性」的原因之一。[*90]

在創作中，與另一個自己展開對話

這種現象不僅限於寫作，也適用於所有「嗜好」。被創造、培育出來的東西，並不只是單純的「物品」，更是創作者留下的痕跡。決定創作品質的重大要素之一，就是能否將那個以具體形式存在於外界的「過去的我」視為一個疑惑（他者），並接收到它提出的問題。與疑惑的對話，就是與過去的我對話，因此嗜好會孕育出自我對話。

我目前在大學裡從事設計與製作的教學。我會跟學生共同參與製作家具、影像、手冊、服務設計、社區設計等各種領域，一起投入「創造某樣東西」、「培育某樣東西」的過程。過程中，我也多次見證學生的內在，出現了「當初書寫的我」跟「閱讀的我／重寫的我」之間相似的自我對話。

也就是說，我以寫作為例說明的這種經驗，也會發生在藝術家、設計師與他們

*90 伊藤亜紗『ヴァレリー 芸術と身体の哲学』25頁。

的作品之間，還有加持良治跟西瓜之間。創造及培育某樣東西的嗜好可以孕育孤獨，而唯有在這份孤獨中，試錯般的自我對話才會產生並累積。

不斷創作直到滿意為止，就是最好的自我對話練習

當然，這並不是說「只要去寫作、去閱讀就好」，也不是「只要做出點東西就好」那麼簡單。最重要的，還是為了創造出更好的作品，而反覆試錯與修正。有趣的是，在《新世紀福音戰士新劇場版：Q》也談到了「反覆」與「重複」的意義。

當主角碇真嗣因為無法預測的狀況和驟變的環境感到困惑時，渚薰邀請他一起彈鋼琴，並告訴他「為了活下去，嘗試新事物、改變自己也是很重要的」。以往，真嗣一直沒有得到任何人的關懷，只是背負著別人沉重的期待與責任，被迫面對非成功不可的狀況。但是在與渚薰合奏鋼琴的過程，釋放了真嗣的情緒。這跟過去的交流方式不同，真嗣感覺到了彼此的尊重。

合奏鋼琴象徵著互相體貼、彼此關心的交流。放鬆了心情的真嗣，開始想要把鋼琴彈得更好。

真嗣：要怎麼樣才能彈得更好呢？

薰：沒有必要彈得好啊，只要彈出讓自己舒服的音色就好了。

真嗣：那麼，想要彈出更好的音色，該怎麼做？

薰：反覆練習，不斷重複同一件事，直到自己滿意為止。只有這個辦法。

鋼琴不必彈得完美無缺，笨拙一點也無所謂。這段不必介意他人眼光的合奏，也可以稱作是一種「嗜好」。但是，要彈出讓自己感到舒服的音色，當然不可能只是隨意敲敲琴鍵而已，因此渚薰給他的建議就是「反覆練習」。

簡單來說，恰如其分的嗜好，包含了反覆修正、持續對話，直到「自己滿意的程度」為止。判斷的標準不在能不能獲得別人的認可、是否有用或是帶來成功，重點在於自己滿不滿意。這也讓人聯想到種西瓜的加持，對吧？

實際上，渚薰的這段話也反映了《EVA》製作團隊的心境。在推出新劇場版系列之際，製作團隊在前導宣傳單上寫了這段話：

「EVA」是一個不斷重複的故事。主角不停地遭遇同樣的不幸，卻不斷重新站起來。這是一個即使只能前進一步，也想要向前邁進的意志的故事。是一個就算要忍受曖昧的孤獨，就算害怕接觸他人，仍渴望與他人同在的覺悟的故事。這四部作品雖源自同一個故事，卻各自呈現出不同的樣貌，希望大家喜歡。

正如同登場人物反覆經歷相同的情境，製作團隊也不斷重複「創造、培育某樣東西」的過程，直到「自己覺得滿意」為止。

談到這裡，大家應該已經了解為什麼我在討論「手機時代的哲學」時，不只是強調孤獨的重要性，更特地透過「EVA」來談「嗜好」。因為不只是「EVA」的故事本身，就連製作團隊也親自實踐了創作過程中的反覆嘗試與自我對話。總覺得，他們實在很了不起呢。

故事就是因為無法解釋才有趣：村上春樹教我們擁抱「糾結與未知」

我想要用「消極能力（negative capability）」這個詞，來說明創造或培育某樣東西的嗜好，如何讓消化不良的糾結與疑惑，在「自己之外」顯現出來。

「消極能力」是英國詩人約翰．濟慈（John Keats）提出的概念。單純只看其中的「能力（capability）」，會讓人聯想到達成目標、採取行動、解決問題等積極的能力，但消極能力並不是這樣的意思。它反而是指「不抵抗的能力」，也可以簡單理解成「不做結論、停留在糾結狀態的能力」。

濟慈用這個詞來解釋威廉．莎士比亞能夠創造出獨特世界的祕密。莎士比亞故事裡經常出現神祕的主題與人物、不合理的發展，以及沒有解釋的元素。莎士比亞並不輕易說明或討論它們，而是讓那些疑惑與神祕就這麼懸而未解，藉此孕育出故事的情節，因此莎士比亞才能成為無與倫比的劇作家。

的確，如果莎士比亞早就對這些謎團有一套詳盡的解釋，並以此為前提來說故事，那麼讀者從中產生的思想、聯想與想像就會受到局限。看來，劇作家在創作，還是別急著說明「就是這麼一回事」、「只能這樣理解」，會比較好。

濟慈在莎士比亞身上的發現，讓我想到現代知名作家村上春樹曾說過類似的話：

> 寫小說不是會出現很多東西嗎？比方說球棒啦，騎士團長啦，鈴噹啦，各式各樣的東西。〔……〕只要出現過一次，它一定會在某個

地方再次冒出來，融入故事情節裡。我根本無暇一一思考它究竟意味著什麼。一旦開始思考就會想停下腳步。〔……〕腦袋可以解釋的東西，寫了也沒用吧？故事就是因為無法解釋才會成為故事，如果作者嘮嘮叨叨地一一解釋「這個東西有這樣的意義」，那就一點也不好玩了。讀者會很失望。我一直覺得，正因為作者自己也不清楚，意義才能夠在讀者的心中自由擴展。*91

小說家的工作，不是寫出只能用一種方法理解的故事。他們所創作的故事，可以容許讀者各自解讀，就像通往不同方向的十字路口一樣，人們可以用自己的方式任意詮釋。*92

借用法國哲學家賈克・洪席耶（或其師賈寇托）的話，或許可以說，作家是在創造「森林」，就連義大利小說家安貝托・艾柯（Umberto Eco）也曾把小說比喻成森林（《悠遊小說林》）。在森林裡，不會只有一條固定的路徑，而是允許各種路線與體驗。也就是說，一個理想的故事，應該向讀者展示一座無法用單一方式解釋，或是看似找到答案，卻仍可以繼續深入探索的森林。消極能力要告訴我們的，就是「擁抱糾結與未知」的道理。

在砲擊下思考：擁抱不確定性的「消極能力」

消極能力原本討論的是關於創造力的祕密，但它逐漸成為一個魅力十足的謎團，吸引眾人做出各種解釋。沒有人能精準界定這個詞的運用範圍。濟慈不曾用精密的邏輯或理論來說明這個概念，或許也是一大原因。無論如何，許多人對消極能力的概念做出新的解釋，將它轉化為符合自己所處時代的經驗，因此消極能力一詞才得以一直流傳到現代。

比方說，在濟慈去世超過半個世紀以後出生的精神分析學家比昂（Wilfred Bion），是精神分析學中研究客體關係理論的代表人物，他將消極能力解讀成精神分析學家必備的能力。[*93]

比昂曾用「在砲擊下思考」這個說法來形容消極能力。[*94] 這個說法源於他參

*91 川上未映子・村上春樹。貓頭鷹在黃昏飛翔 川上未映子V.S村上春樹訪談集。
村上本身並沒有談過消極能力，他只是提過類似的話題。
*92 順便一提，村上也在這本書談到，他也會在完稿以前要求自己不斷重寫。
*93 Wilfred Bion, Four Discussions with W.R. Bion, Clunie Press, 1978, pp.8-9等。

與世界大戰的從軍經驗，以及他對士兵創傷後壓力症候群（PTSD）的研究——據說他自己也深受PTSD所苦。

他將診間裡的精神分析學家，比作在戰場「砲擊下」必需審慎思考行動和計策的士兵身分。在戰場上，無法預測什麼時候會遭受怎樣的攻擊，自己又該如何因應，情勢完全不在自己的掌控中。

比昂認為，診療室裡的精神分析學家就像戰場上的士兵一樣，他們有責任在病患的傾訴與反應所形成的「砲擊下」不斷思考。*95 他們同樣處在不確定、無法預測，也無法完全控制的險境裡。

精神分析學家需要理解病患的言行與心理狀態，並且推測其背後的原因，這並不是簡單的工作。因為，他們必須在難以明確預見前景，充滿不穩定與不確定的狀況下持續思考。

活在變動的時代，我們都需要「消極能力」

我們確實必須偶爾提醒自己，不要隨便擴大討論的範圍。但我們生活在充滿不確定性與焦慮的世界，未來難以預測、沒有明確解釋，同時又毫無顧忌地接觸他者和外界資訊。就這一點來看，比昂要求精神分析學家具備的能力，似乎非常值得我們參考。

其實，精神科醫師兼作家帚木蓬生，也重新詮釋了這個從濟慈傳承到比昂的概念。他認為，「暫時擱置、不急著下結論」，反而能激發創造力。他也希望藉由「消極能力」，培養自己透過觀察與想像，更貼近他人的真實感受。*96 這暗示了，濟慈跟比昂提出的「消極能力」，不只是作家和精神科醫師所需，也是我們所有人都該培養的能力。

而文學研究家小川公代，則是參照了帚木的著作，進一步將這個概念與文學作品連結起來。她原本是研究女性勞動的社會學研究生，在進行問卷調查時，切身體

---

*94 Lawrence Brown, “Bion’s discovery of alpha function: Thinking under fire on the battlefield and in the consulting room,” The International Journal of Psychoanalysis, 93(5), 2012, pp.1191-214 doi:10.1111/j.1745- 8315.2012.00644.x.

*95 cf. Nicky Glover, Psychoanalytic Aesthetics: An Introduction to the British School, Phoenix Publishing House, 2018, p.105.

*96 帚木蓬生『ネガティブ・ケイパビリティ：答えの出ない事態に耐える力』朝日新聞出版，二〇一七年，5－6頁。

順便一提，帚木並不是直接透過比昂的著作認識消極能力，而是透過了解比昂消極能力概念的人才得知的。

會到貼近女性的「經驗」與「心聲」有多麼困難。不過，以關懷倫理研究聞名的心理學家卡羅爾・吉利根（Carol Gilligan）的著作，為她帶來了轉機。書中有一節故事分析，細膩地描述了人類經驗的質感，讓她深受感動，並就此投入文學研究的世界。*97

小川認為，研讀文學必須貼近人的經驗，才有意義。雖然我不曾親自請教她本人，但她的想法應該也隱含「想像的世界，（某些層面上比現實）更能繽紛細緻地表現人類的經驗」的感覺。不過，比起這一點，我更希望大家關注小川這種文學觀背後展現出的「感受方式」。

我認為，小川的文學觀散發出這種感覺：「人的經驗在文學中往往以謎團與不確定性呈現，即使自以為懂了，仍有所遺漏」。這正是李小龍所說的「去感覺」。而小川在著作裡提到「消極能力」這個詞時，也正是談到理解他人經驗的困難之際。

小川如果只是將原本想要透過社會學揣測他者心情的想望，轉移到文學研究上，大概也不能完全解開疑惑吧。她之所以轉向文學，正是因為明白文學裡必然存在著難解的疑惑，就如同人類的感受一樣。讀文學最重要的是，別急著用簡單的原因去解釋某個人為何活著、為何有某種感受，而這些無法化解的疑惑與不確定性，反而是文學的魅力泉源。

文學研究者會涉獵各種作品，也會反覆重讀同一篇小說或詩歌，並且大量閱讀不同的人對同一部作品的解釋。也就是說，即使他們認為自己已經理解了，仍不會就此停下腳步。

這種閱讀姿態，正是將文學視為人類經驗的結晶，並且樂於持續去理解與探索。這麼看來，小川從社會學轉向文學，其實是對「解釋」這項永無止盡的工作樂在其中。從這個角度看來，「消極能力」或許可以重新定義為：與「人類的經驗」這個無盡之謎嬉戲的能力。

帶著疑惑前行，才能開啟自我對話

整理前面的討論，可以發現「消極能力」有兩種面向。一種是當我們投入嗜

*97 小川公代『ケアの倫理とエンパワメント』講談社，二〇二一，11－15頁。她實際的討論結合了「從關懷的觀點讀文學」、「需要消極能力才能理解文學中的他者經驗」、「關懷需要消極能力」等立場，內容較複雜，詳情請自行閱讀。

好，創造或培育出某樣東西時，那些作品往往會超出我們的掌控與理解範圍。正如濟慈解釋莎士比亞的創作祕密一樣，我們必須具備消極能力，才能避免急著為正在孕育的東西下定義，讓它落入狹隘、單一的解釋中。

第二個面向，則呼應了比昂、帚木與小川的討論：閱讀與理解時，也必須使用「消極能力」。它是一種認知到自己有所不足、不可能完全理解對方的心態。也就是說，面對疑惑與問題時，不要急著解釋、輕易滿足，而是去感受不時湧上心頭的疑惑，帶著這些疑惑與問題一起前行。

無論是哪一種面向，都代表著「消化不良、無法釋懷、不能充分理解、無法冷靜」這種糾結的狀態。創造或解釋的過程，都取決於我們能否與謎題、疑問及不確定性共處。所謂的消極能力，其實就是我們在第一章提過的「承受消化不良、晦澀、糾結的能力」。

前者也代表創造時的消極能力，是從疑惑中孕育出更多疑惑，因此對培養嗜好非常重要。另一方面，後者代表閱讀時的消極能力，如果以寫作為例，則像是回顧自己作品時，保留「還不完全滿意」的心態，讓「閱讀的我」為「重寫的我」（反覆修改、練習的我）提供新的想法。

當然，「重寫的我」在寫作時同時也在閱讀，因此「創造時的消極能力／閱讀時的消極能力」兩種面向缺一不可。雖然可以分開來談，但現實中它們密不可分，幾乎是同時運作的。*98

無論如何，我們都能在此確定，「消極能力」是嗜好中促成自我對話、讓對話得以成立所不可或缺的能力。這是最重要的一點。

但是，我們也從前面的討論得知，讓我們保持隨時在線的各種科技與習慣，正在剝奪我們面對難以立即解釋的情況時，不妄下定論、能停留在「尚未理解」的狀態而不囫圇吞棗的能力。現代人放棄了消極能力。

在這種環境下成長的人，只想要輕鬆獲得答案或來自權威的意見來解釋自己的焦慮。從商業、社會、政治到生活，我們身邊充滿了「自以為洞悉一切的人」。仔細回想自己的種種言行，我們其實也無法置身事外。

即使如此，本書仍反覆強調：接觸消化不良的事物，包容晦澀難解的情況，偶爾處在糾結的狀態裡，忍受著心裡無法釋懷的疙瘩而不急著理解，這樣的態度至關重要。

*98 如果將「解釋」本身也看作是一種創造或培育行為，那麼就不必區分兩者了。將作品視為「傳達創作者意圖的裝置」，這個觀點不太具有說服力，因此還是將解釋與創作都視為一種創造會比較好。不過，要是將嗜好這個概念的容許範圍擴大太多，說明將會變得複雜，所以我還是以一般意義上的「創作」為前提來撰寫本文。

哲學思考，就是培養與未知共處的能力

我們已經深入探討過消極能力的第一層意義：它可以保留那些激發自我對話的疑惑與謎團，並且將疑惑保持在未解的狀態。接下來，我們要思考的是「消極能力」的第二個面向。

在哲學思考中，第二個面向的消極能力是不可或缺的。哲學的本質，就是聆聽跨越兩千五百年的思想對話並從中思考，所以或多或少都牽涉到「閱讀／認知」。在這個過程中，不輕率地對事物加以說明與定義的能力，就格外重要。

如果我們不了解自己是用什麼樣的心理狀態，去閱讀哪位哲學家的思想、又試圖從中讀取哪些內容，那麼我們就無法真正學到那位哲學家的知識與想像力。因此，我們必須具備的習慣，就是能夠處在「不自以為理解、『懸而未解』」的狀態，也就是能夠忍受不確定與疑問的「消極能力」。[*99]

閱讀哲學書時，我們應該先將主導權交給「對方」，也就是寫下這些難解文章的哲學家那一方。否則，我們很容易陷入「這傢伙又在說些莫名其妙的話」「這不是自相矛盾嗎」「他根本是故意寫得難懂好讓人搞不清楚吧」等情緒中，隨意尋求解釋。

這種學習方式就像是「不斷打轉」、「埋首於自我世界」、「困在迷宮」一般，無法取得進展。我們經常忽略一點：我們自己的「理解」，可能是含糊不清、充滿矛盾的，有如「安住於自身的無知之中」。正如奧特加所言，無法察覺到自己已經迷失的人，是無法面對現實的。

若要從本書的脈絡出發，重新定義「消極能力」，或許可以說，它是一種自我追問、去懷疑「迷路的那個人，是不是我自己？」的能力。如此一來，我們才能與未解的疑惑，保持能不斷受到各種提問、不斷被喚起疑問的關係。

換句話說，消極能力就是不輕易在自己內心尋找現成的答案，而是懷抱著無法充分掌握的謎團，進而從中不斷汲取出新的思考與感受。

站在同一片砲擊下，才懂哲學家的思想

我想，大多數讀者會讀到這裡，或許都是為了學會真正掌握各種知識與想像力

*99 小川公代『ケアの倫理とエンパワメント』18頁。

的方法。但是，如果我們從不懷疑自己內心的「思想」，也不曾停下隨意解釋的習慣，那麼這個目標應該很難達成，甚至可能讓各位白費工夫。

困在自己的想法中不斷打轉的人，往往會看似冷靜從容地解釋哲學家的話語，其實卻只是輕率地提出質疑，或自以為是地談論自己的見解，最後淪為選擇性地吸收資訊，只挑選自己喜歡、認同的部分，陷入「採櫻桃謬誤」式的學習。問題就出在這裡。

說到底，我們最需要學習的，應該是懷疑與檢視自己當下的理解，也就是對自己的思考保持警覺。最好假設自己就像喪屍電影裡出場即死的角色一樣迷惘，否則，我們只會依循自己的偏見重新歸納資訊，誤以為這樣就是「理解了」。

不過，我可不是要大家在閱讀哲學家的著作時，完全認同他的所有思想。我當然不可能寫出那種隨便的建議，況且，如果真有研究哲學的人提出那種主張，那還真嚇人。我們本來就沒有必要認同哲學家的所有世界觀與其中的細節。

不過，我們會跟作者處在同一片「砲擊下」，試著理解他們所關心的問題，與他們在論述中使用的各種概念，並且盡可能以合乎邏輯的方式處理及運用這些概念，這是學習中無可避免的過程。而我認為，這個理解過程能夠培育出「消極能力」，幫助我們活在這個充滿不確定與焦慮的世界。

各位或許會認為，我的話像是在繞圈子。「想要培養出消極能力，就要用消極能力進行哲學思考，這不是很奇怪嗎？」但是，這就跟「想要跑得更快，就只能注意跑步方式，然後實際跑跑看」是一樣的道理；或是「想要正確解讀大量文章，就只能練習正確解讀大量文章」。這樣的迴圈，一點也不奇怪。

所謂的「消極能力」，正是一種能與「消化不良」、「晦澀」及「糾結」共處的能力。在學習哲學時，我們面對的是來自他者的想像力，也就是「不易吸收」的東西，正因為如此，學哲學的過程實際上也是培養消極能力的反覆練習。

我們來總結一下吧。「嗜好」具有讓人保持孤獨的能力。當我們在自身之外創造出某種疑惑，不斷與這個疑惑對話、聆聽它提出的各種問題時，也因此實現了某種自我對話。而從消極能力的觀點來看，最重要的是不要隨意解釋這個疑惑，而是容許那些「無法充分解釋」的部分存在，學會與疑惑共處。

此外，消極能力不只出現在孕育某樣東西或重複產出某樣東西的時候，它也是理解他人經驗、學習未知事物時不可或缺的能力。當我們試圖從某個人的角度理解他的經驗時，就必須忍受不確定與懷疑的狀態，別急著下定義、求解釋。因為，「消極能力」就是不輕易將疑惑（他者）收束在「自己已知範圍」的能力。也可以說，它正是讓自我對話得以成立的基礎。

專欄

我為什麼要將哲學與動漫、小說結合

《拯救手機腦》、《深度數位大掃除》、《十個你該立即刪除社群媒體帳號的理由》這些主張「放下手機」、「戒掉社群網站」或是「限制上網」網路文章和書籍，都是現今的熱門論調。

我們的確需要對使用手機與網路的習慣提高警覺，不過我在前面也提過，這些論調過度煽動大眾的危機意識，更何況大多數人根本無法做到。更糟的是，這種主張脫離科技的論述不只強人所難，許多人在閱讀後更誤以為：「我知道有這些問題，但不會發生在我身上」，把自己當作例外。*100

所以，我不會跟著這些言論起舞。我認為，思考如何在不放下手機的前提下，保有容易被手機奪走的孤獨，以及如何與手機加劇的寂寞好好共處，才是最重要的事。

而且，書店裡那些強調「孤獨」與「孤立」的書，大多出自早已在各界建立聲望、經濟富裕的高齡男性之手，內容經常帶有獨特的偏見，也不乏說教的意味，請各位務必要避免接觸這些論述。就如上一章專欄中所寫，這些書籍強調「孤獨」與「默觀」等超然的概念，往往帶著一種哲學的特權意識與自戀傾向。如今依然有不少人以為，哲學就是切斷與社會的連結，在超脫的立場進行思索。但這樣想法大有問題。

因此，我選擇用「嗜好」這個輕鬆的詞彙來對應「孤獨」的概念，讓大家產生獨特的聯想。我認為，使用語感截然不同的「嗜好」一詞，可以剝除「默觀」與「孤獨」所具有的自戀、嚴肅與受到美化的調性。

我選擇從「EVA」的台詞切入，也是基於同樣的道理。我沒有去分析「EVA」的故事劇情，也不是以動漫迷的角度去解讀它的中心思想與詳細設定，而是從「種西瓜」這個微不足道的場景出發，來談「孤獨與嗜好」的概念。因為我想藉由將「孤獨與嗜好」這組概念「公式化」的過程，表達出：將嗜好當作哲學、將哲學當作嗜好，其實是可以輕鬆做到的。*101

---

*100 關於這類話題，只要搜尋看看網路書店的書評、書籍介紹影片與心得文，應該就能知道有多少人相信自己不會受到手機與社群網站的負面影響。

*101 話雖如此，要是突然談起「EVA」會顯得很突兀，所以我才先在前一章唐突地插入「龍爭虎鬥」的話題。這樣一來，談起「EVA」應該就不會顯得太詭異了。

這種將文化文本與哲學文本混合的作法，是效仿了曾宣告「哲學終結」並開始探索新哲學的理察．羅蒂（Richard Rorty）的立場，也可以再追溯到更早以前，鶴見俊輔及約翰．杜威等主張哲學思考無須受限於學術分類的先驅。

我對「反覆」跟「重複」的肯定，則不只來自EVA系列的內容，也因為拙著《鶴見俊輔的話語與倫理》（暫譯）第三部，以及理查．桑內特（Richard Sennett）的《匠人：創造者的技藝與追求》（馬可孛羅），才得以成形。

第5章

若要保有〈孤獨〉，擁有〈嗜好〉就很重要。但是，並不是有了〈嗜好〉，一切問題就能迎刃而解。因為我們的焦慮、〈寂寞〉是非常深層的問題。

這一章會聚焦在「後福特主義」這個現代經濟文化，藉此了解我們究竟經歷了哪些煎熬，以及這樣的社會條件是如何影響每個人的心理健康。

在努力克服現代社會造成的壓力與疲憊時，我們經常透過「自我啟發」來激勵情緒，但也可能在這個過程中得出看似樂觀、實則危險的結論。為了避免我們的討論淪為一味地讚揚〈孤獨〉與〈嗜好〉，就讓我們重新找回謹慎的思考步調。

為什麼我們忙碌卻空虛？——社會文化如何製造我們的焦慮

「忙碌」是空虛的表現？

——帕斯卡與餘興的哲學

上一章我使用了「嗜好」這個常見的詞語，可能會讓人誤以為，能夠全心投入某些事物才是好事；無法沉迷於任何事物的狀態很可悲（不過，在閱讀中投射了〈嗜好〉這個詞在日常中的語感，其實是錯誤的）。但是，十七世紀法國知名數學家兼哲學家帕斯卡（Blaise Pascal）的《思想錄》中，卻有一段話，似乎正好反駁了這個想法。

他在某篇斷簡中寫道：「人的一切不幸都來源於唯一的一件事，那就是無法安安靜靜地待在屋裡」。例如：「人們之所以尋求交際或賭博等消遣，只是因為他們無法快快樂樂地待在自己家裡」。*102

帕斯卡認為，人其實活在某種誤解之中，過著空虛的生活。不過，即使他斷言「積極行動、主動與人交流，是空虛的表現」，各位大概也覺得難以理解吧吧？畢竟在今天，如果有人形容你「很有行動力」、「活動很多」，多半會被當作讚美。

那麼，帕斯卡為什麼要懷疑「忙碌」的價值呢？

我們以狂熱棒球迷為例子。他的幸福，取決在自己支持的球隊是否獲勝。他應該會拚命為球隊加油打氣，打從心底希望他們贏球；明明不是教練，卻花時間討論球員的配置。他會在運動酒吧觀看比賽轉播，也會在社群網站上討論哪個球員被選中、某個球員的傷勢、教練的指示如何等等，這些過程肯定讓他樂在其中。

不過，就算他如此希望球隊獲勝，如果他支持的球隊靠買通裁判取得勝利，他一定會大發脾氣吧？這就表示，他其實不只是希望「球隊獲勝」。

帕斯卡也曾提出類似的比喻來說明這點。他說，把一隻兔子交給準備去打獵的人，或是直接把賭金交給賭徒，他們可能反而不會開心。我們以為自己沉迷的是活動的結果（例如「兔子」或「賭金」），然而，那並不是我們真正的目的。

「消遣」只是為了逃避無聊與焦慮

那麼，我們投入這些活動真正目的究竟是什麼？帕斯卡認為，是為了「轉移我們對無聊與焦慮的注意力」。他指出，所有活動與交流，都是人類為了從無可避免

*102 帕斯卡。思想錄。（Pensées）

的無聊與焦慮中轉移目光的「餘興（divertissement）」，這個詞也可以譯作「消遣」。

無聊與焦慮，會讓人想起人終有一死的悲慘命運。而消遣（=消解注意力）其實就是將注意力從這些情緒移開、分散開來，選擇忽視自己的悲慘下場。順帶一提，帕斯卡將人類比喻為脆弱的「蘆葦」，也是源自於他認為人類都有著悲慘命運的觀點。

更糟糕的是，人類不只追求餘興，還試圖透過各種餘興活動，滿足自己無意義的虛榮心與被認同的渴望。帕斯卡列舉了撞球、學術研究與戰爭作為例子。

> 那麼你問，這一切（=打撞球）的目的是什麼？不過是為了明天能在他的朋友面前炫耀自己打得比另一個人更好罷了。同樣地，也有人在書房裡滿頭大汗地努力，只為了向學者們展示自己解開了前人一直未能解出的代數問題。還有更多人，冒著極大的危險，只為了在日後誇耀自己曾經占領過某個地方。在我看來，這一切同樣愚蠢。*103

這段話實在「很嗆」，不過，不少人應該會「呃啊」地發出呻吟，覺得自己

「被說中」了吧？帕斯卡自己就是數學家，所以這也是他對自己的批判吧。

試想，買一杯星巴克新推出的星冰樂，其實是為了買一個「在星巴克買了星冰樂的自己」；跟某些名人互動，也是為了滿足「能跟那些名人站在一起」的自己。由此可見，我們投入的大部分活動，都能以帕斯卡的思考來解釋。

這裡需要留意的是，帕斯卡指出人們的虛榮心與認同欲，並不是為了攻擊他們。他認為，自鳴得意地指責「人類的行為終究是為了受到認同」、「那麼做只是想炫耀」、「那傢伙的自尊心很高，所以才……」、「他這麼說只是想被人追捧」這類行為的人，才是「最愚蠢的人」。[*104] 這種人投入的不過是最愚蠢的「餘興」，只會讓醜陋的虛榮心更加膨脹。呃啊，又被帕斯卡說中了……

疫情奪走了我們的「消遣」

帕斯卡指出，人本身就是空虛、無意義的存在。我們終將死去，卻無法忍受那

*103 同前書。

*104 同前書。

些會讓自己意識到這個事實的「無聊與焦慮」。因此，哪怕只是一瞬間，我們也想方設法地投入各種活動與交流中。總體來說，人類的文化活動，不過是一套為了忘卻這種深層的無力感（ennui）而建構的「餘興」系統。

更糟糕的是，我們的虛榮心與認同欲更加深了這個問題。各位大概都在社群媒體、影音平台與網路新聞留言區裡看過激烈的口水戰，這些網路社會的現象，其實與帕斯卡的批判息息相關。

帕斯卡的哲學具有直指人心的力量，質疑我們生活方式，讓人忍不住反問自己：「我是否錯失了真正重要的事物？」

身為神學家，帕斯卡也將討論導向倡導信仰的重要性，主張信仰是悲慘脆弱的人類唯一可以依靠的寄託。雖然這個論點極具魅力，但我們還是暫時擱置吧。[*105]

我希望各位回想一下疫情期間，政府宣布「第三級警戒」防疫管制，導致外出與娛樂活動受限的時期。新冠病毒流行，造成許多人困在家中，身心失去平衡，甚至出現憂鬱與焦慮等後遺症。

憂鬱與身心失衡的誘因有很多種，其中一大因素，就是人們失去藉由外出或旅行來紓解壓力的管道。以帕斯卡的觀點來看，我們在居家隔離期間，無法接觸大多數的「餘興」活動，被迫面對焦慮、倦怠與無聊，而多數人並沒有承受焦慮的能力，這才導致「疫情憂鬱」成為社會問題。

在第三級警戒期間，我們是怎麼度過每一天的？為了從那不知從何處湧現的憂鬱與倦怠中轉移注意力，我們藉由社群網站、YouTube或Netflix接收刺激，煞有其事地製造出空有形式的「嗜好」，再將這些過程上傳到社群網站或YouTube上等等，[*106]許多人或許都使用過「在家〇〇」之類的主題標籤，這種景象一點也不稀奇（我也有同感）。

正是因為失去「餘興」，人類反而更迫切地追求「餘興」，這種現象令人悲哀。我們無法忍受無聊，所以拚命尋求能讓人麻痺、忘卻無聊的刺激與消遣。

在談論餘興的文章結尾，帕斯卡寫道：沒有餘興，人類就無法感到歡樂。如果不轉移注意力，人就會忍不住開始思考意外、失敗、對未來的擔憂，然後深陷於恐懼與悲傷當中。即使這些都沒有發生，「倦怠會不由自主地從心靈深處——它天生就已扎下根的地方——冒出來，並以它的毒液滲透、充滿我們的精神。」[*107]

---

*105 有興趣的人，可以參考安端·康巴儂（Antoine Compagnon）的《Un été avec Pascal》等平易近人的入門書。

*106 煞有其事的「嗜好」，以及可以輕鬆在社群網站上分享的「嗜好」，都不同於能保障〈孤獨〉的〈嗜好〉。在下一章的結尾與「後記」中，我會重新整理關於〈嗜好〉的概念，也可以作為參照。

*107 同前書。

我在〈前言〉中提到，人活著一定有一天會遭受挫折。而帕斯卡認為，人無法逃離這個悲慘境地。「無聊」早已在我們的內心深處扎根，這就是人類的本質。我們不過是藉由「餘興」，暫時將無聊覆蓋起來。即使看似沉迷於某件事，那也只是受到寂寞（無聊）驅使的結果，未必真正伴隨著孤獨。[*108]

過度專注於嗜好，也是一種逃避

帕斯卡的論點相當具有說服力，但攻擊力實在是太高了，尖銳到我們可能需要捨去整個人生才符合他的要求。若要符合他那過於鋒利的想像力，甚至連我們前面談到的「嗜好」都必須割捨。如果你同意嗜好的重要，應該會跟我有同樣感想：他的話語如果落實在生活中，未免過於嚴肅正經。擁有那些與利害或名聲無關、只是單純去創造或去培育事物的嗜好，確實能帶來充實的人生體驗。像種西瓜或合奏鋼琴一樣，在享受樂趣的同時保有孤獨，對我們來說也十分重要。

不過，我們可以從帕斯卡嚴厲的觀點中學到一些東西。即使人們自認為正專注於嗜好，但若是鬆懈下來，就可能無意識地產生「我沒問題」的念頭，任由寂寞驅使自己，做出博取認同或滿足自尊心的行為，最終反而失去嗜好中的孤獨（自我對話）。帕斯卡的一番話，提醒了我們那份難以擺脫的醜陋人性。

換句話說，可不是「只要投入嗜好，就萬無一失」那麼簡單。我們必須像喪屍電影的主角一樣，保持鎮定與警戒的姿態。帕斯卡那充滿攻擊力的言語，正好可以「揍醒」我們的注意力與警覺心。讓我們盡量挨揍，「呃」地慘叫吧。

此外，帕斯卡的哲學還有一點也值得學習：我們不該只是為了逃避無聊、憂鬱與焦慮，而拚命尋求刺激。這正是帕斯卡那凝視人心深處蠢蠢欲動念頭的姿態。雖然他的觀點太過嚴肅悲觀，但我們確實不該把人類心底沉睡的倦怠與悲慘，當作「不存在」。

我想利用本書剩下的篇幅，深入探討這個論點，而作為前置作業，這一章會以「心理健康」為關鍵詞，來理解促使我們拚命尋求「餘興」的社會性條件（＝後福特主義）。本章的目的，是透過這番思索，看出現在的社會文化將造成什麼現象（＝人們過度關注自己的內在）。首先，讓我們先從十七世紀的帕斯卡無須面對、現代特有的情況開始看起。

*108 同前書。

自我啟發的陷阱：過度正向思考，可能通向憂鬱

首先，回想一下帕斯卡所描繪的人類形象。他認為，人總是忙著投入各種活動與交流，不斷尋求消遣而無法平靜下來。這種姿態中，隱約可以看出人類似乎必須勉強提高興致，彷彿如果不透過自我肯定來振奮情緒的話，就無法應付日常生活。事實上，現代社會環境更加劇了這種傾向。

接著，我們把焦點從十七世紀的帕斯卡轉移到現代。社會學家鈴木謙介曾在一次談論現代年輕人求職活動的訪談中，說過下面這段很有意思的話：

> 比方說，在剛開始求職時，年輕人就被迫要尋找自己適合的職業。但照理來說，「適合的職業」是在經驗、成就與人際關係的累積下慢慢浮現的。所以，幾乎沒有就業經驗的學生，不可能知道自己適合什麼工作。他們不得不告訴自己「這就是我想做的工作」，勉強提高興致投入面試。然而，因為這本來就很勉強，所以亢奮的狀態無法持久；高漲的情緒一旦趨於低落，就得再強迫自己回到亢奮的狀態，如此循環。

雖然訪談中以求職活動當作例子，但這種心理狀態，其實在現代社會也很常見。我們似乎非得振奮情緒，才能認真生活，可是那股亢奮的情緒並不持久，而我們又無法忍受情緒低落的狀態，只好不斷勉強提高興致。

這個狀態又稱作「亢奮式自我啟發」，它與「只要努力就會成功」的價值觀、「肯定找得到適合我的工作」的幻想、前景不明朗的社會、不穩定的就業市場以及對未來隱約的擔憂，全部糾纏在一起、逐漸變質，讓我們處於在焦躁與憂鬱之間反覆交替的心理模式中。

這種心理變化，可能已直接影響到現代人的心理健康。根據世界衛生組織（WHO）的資料，全球憂鬱症患者中成人約占百分之五，也就是大約二．八億人[*109]。這個驚人的數字，一部分與一九八〇年代《國際精神疾病診斷與統計標準（DSM）》改訂後，擴大了「憂鬱症（depression）」的診斷範圍有關；另一部分與八〇年代末到九〇年代新一代抗鬱劑問世，製藥業界所推行的全球市場行銷，使憂鬱

*109 參照世界衛生組織（WHO）對憂鬱症的說明（https://www.who.int/news-room/fact-sheets/detail/depression#:~:text=Depression%20is%20a%20common%20mental,affected%20by%20depression%20than%20men）。這個數字不單是指憂鬱症，也包含適應障礙。本書同樣不加以區別。

症受到大眾廣泛認知有關。[*110]

隨著憂鬱症及其他精神疾病愈來愈常見，心理健康逐漸被視為「個人的問題」。這股「自己負責」的趨勢，導致「大家或多或少都有心理疾病，必須藉由服藥來控制」的生活成為常態。[*111]

「為自己負責」，會淡化有毒的社會背景

精神疾病和心理健康純屬個人問題——這個「常識」的背後，存在著一種傾向，那就是將憂鬱症等疾病，簡化為腦部（化學）與神經學（生物學）層級的問題。[*112] 馬克・費雪將這個傾向，稱之為精神疾病的「化學—生物學化（chemico-biologicalization）」。

如果只以「器質」（生物組織）來說明心理疾病，那我們能夠選擇的應對方式，就只剩下「用藥」。換言之，如果憂鬱症是單純的器質的問題（「你之所以生病，是因為腦內的化學物質出了問題」），那麼解決方式就會轉向用藥（「這顆抗憂鬱劑可以治好你」）。請注意，這個過程中，社會背景完全消失了。即使有人被迫承受異常的工作方式，或每天忍受主管沒完沒了、詛咒般的嘲諷，精神疾病依舊是「個人的問

題」，也就是當事人要不要接受藥物治療的問題。

或許你會反駁：除了吃藥以外，不是還有心理諮商嗎？不過，就算加上心理諮商，這個情形也不會改變。因為只要「改變個人」，就能改善憂鬱症或適應障礙，社會環境完全沒有必要改革。比方說，我們甚至可以預想到一些常態性發生惡劣騷擾的公司，可能利用心理諮商來改變適應障礙症當事人的「心態」，試圖藉此解決問題。也就是說，只要「個人接受心理諮商」，這家公司就能藉此逃避改善職場與工作制度的責任。

隨著大眾逐漸對憂鬱症造成的社會損失逐漸產生共識，日本也在二〇一五年實施修正後的《勞動安全衛生法》。根據這項法規，員工超過五十人的公司，每年都有義務為員工進行壓力檢測。這項制度確實促進了憂鬱症預防與自我管理（必要時可轉往身心科或精神科診治），但最終還是傾向將心理問題歸結為「個人問題」。

作家木澤佐登志根據企業為了利益而隨意擺布員工的情況，（批判性地）歸納出

*110 順便一提，DSM是美國精神醫學會發表的精神疾病診斷基準，全名為「Diagnostic and Statistical Manual of Mental Disorders」。

*111 木澤佐登志『失われた未来を求めて』大和書房，二〇二二，216頁。

*112 Capitalist Realism, Mark Fisher, Zero Books, 2009, p.37.

這種社會狀態：

> 企業最關心的，是受僱者的「抗壓性有多強」，如果發現員工的抗壓性不足，只要趁他過勞死之前開除他就沒事了（反正能取代他的人多的是）。*113

「持續成長、靈活適應」對心理健康的危害

哲學家馬克・費雪透過統計數據確認，憂鬱症與適應障礙患者正在快速增加，其中又以年輕世代為主，並指出這是現代經濟文化對持續成長的要求所造成的結果。*114

這種現代經濟文化有各種名稱，本文將其稱為「後福特主義」，指的是在大量銷售工業產品的福特主義以後，以服務與個人體驗為核心所構成的經濟文化。後福特主義要求的不再是直線式的單一任務，而是講求擁有全方位視角，讓工作適應日新月異的需求與社會情勢。某一次的成功案例，到了下一年就可能完全過時。

後福特主義的關鍵字是靈活度（flexibility）。我們必須在難以預測的狀況下，持

續學習新知，在每次的專案中跟不同夥伴協作，並且不斷產出新的成果，成為持續學習，持續適應變化，持續成長的人才。

這種特質也可以稱作「靈活的適應性」，例如一旦建立起新目標，即使這個目標跟昨天不同，也要義無反顧地投入；要是現有的技能派不上用場，就不厭其煩地參加研習或補習以學習新技能。意思就是，「你必須能夠應對各種突發狀況，學會在完全的不確定中，或所謂的（用個醜惡的新詞彙）『危脆性（precarity）』之中生存」。[*115]

在這種經濟文化中，教育變成終身任務，工作與生活的界線日益模糊。勞工必須不斷進修，白領階級居家辦公或將公司當作家的情況逐漸成為常態。[*116] 過去那種學會一定的技能後，就能一階一階往上升遷的想像已不復存在。終身雇用與年功

*113 木澤佐登志『失われた未来を求めて』大和書房，二〇二二，219頁。
*114 Capitalist Realism, Mark Fisher, Zero Books, 2009, p.35-37.
「後福特主義」也可以改稱為「新自由主義」。新自由主義的特徵是「民營化」、「競爭」、「放寬限制」，是一種將所有情況都「個人化」的文化。
*115 同前書，p.34。
*116 同前書，p.22。

序列（日本企業中常見的基於資歷的晉升及薪資制度），已經被「不斷跳槽、轉變角色，定期重新學習技能（re-skill）」的工作模式所取代。*117 這就是後福特主義一詞所表現的現象。

追求「靈活」的社會條件，讓我們失去了穩定性與長期的願景。企業在談論「長期」時，至少是指十年後；然而在公司內的職業訓練與研習中，「長期目標」雖然會因講師而異，不過通常只是三到四年後的目標。

冷靜一想，這樣的幅度難道不算太短嗎？對個人的人生與社會延續性而言，三到四年只是一段短暫的時間。或許是因為我花了七、八年寫書、十年才取得博士學位，所以感觸特別深。總之，即使我們努力延展時間感，也只能看到這樣的時間幅度，這就是在後福特主義下形成的認知習慣。

馬克．費雪認為，這種工作、學習與建構職涯的模式，有害心理健康。但有趣的是，後福特主義社會中，快速增加的不只是憂鬱症與適應障礙患者。那麼，還有哪些現象正在發生？

賈伯斯的忠告一點都不可靠

當人們處在被要求保持「靈活度」的狀況下，會採取什麼方法來解決困擾？各位只要回想一下自己在工作或人際關係中受挫時會如何應對就知道了。

社會學家牧野智和指出，現代人在面對自己的困境或煩惱時，「通常傾向於自行解決，不依靠任何人」，並且「認為內心深處或許隱藏著一個不受外界污染、壓迫或扭曲的純粹『真正的我』，因而過度狂熱地探索內在世界」。[*118]

沒錯，這種「自我啟發」的現象正在快速增加。我們相信內在擁有確切的答案，因此沉迷於自我，簡直到了「無法停止尋找自己」的地步。不少商管書籍與大眾讀物，也都包含這層「自我啟發」的意味。

於是，面對煩惱與困境的人不再關注外在社會，而是選擇面對自己與探索內在。如果你的心曾被「聽從直覺判斷」、「尊重自己的感受」、「追隨熱情」這些話打動，那就證明你正生活在「尋找自我」的文化之中。

蘋果公司創辦人史蒂夫・賈伯斯（Steve Jobs）在史丹佛大學畢業典禮演講中，曾說過這麼一段話：

---

*117 同前書，p.32。

*118 牧野智和『自己啓発の時代：「自己」の文化社会学的探究』勁草書房，二〇一二，11頁。

> 不要被教條困住，不要活在別人思考出的結論裡。不要讓旁人七嘴八舌的雜音淹沒了你內在的聲音。最重要的是，擁有聽從內心與直覺的勇氣。你的內心與直覺早已知道你真正想要成為什麼樣的人。其他事物都是次要的。

我們之所以認同這番話，正是因為我們也想要試著聽從內心與直覺來生活。然而，過於坦然地接受「面對內在」、「傾聽心聲」這些忠告其實很危險。心理學家斯溫．布林克曼（Svend Brinkmann）指出，這世上有太多問題，不是只靠凝視內在就能得到答案，甚至有很多事根本不該從內在尋求解答。[*119]追根究柢，「聽從心聲」隱含著一個前提：那個內在聲音應該只有一個，而且它必然能引導我們走向最好的道路。換句話說，這個前提代表即使我們不去調查、學習或參考他人的觀點，只要問問自己，必然可以得到唯一正確的解答。

在這個前提下，他者的想像力、周圍的聲音，甚至是我們試圖學習與理解前者所做出的努力，都會被當作無關緊要的「雜音」而排除。而且，只願意聽從內心唯一的聲音，甚至假定自己的心聲只會有一種樣貌，這麼做未免太隨便了。

聽從內心的聲音？那只是自言自語

就如第一章開始不斷提到的，我們並非一塊石頭般單純的存在。暫且不論早已熟悉手機的我們，是否還擁有安靜聆聽的感性，至少每個人的內在，都同時擁有各種聲音。也就是說，每個人的內在都具有「多聲性」（多元的聲音）。我們的自我分裂為多重面向，就像「他者住在我們的內在」，讓我們能夠與自己展開對話，而本書也不斷強調這件事的重要性。

除此之外，「他者眼中的自己」也是構成自己的重要成分。就這一點來看，他者不是「雜音」，反而是滋養內在庭園的養分。自我多聲性的萌生，往往來自外部世界，也就是他者。

簡單來說，聆聽自己的心聲，肯定會得到好幾種答案。如果聽從賈伯斯的忠告，等於無視與壓抑內在的多元性；將原本應該種滿各種植物跟樹木的庭園，當作只能栽培單一植物的花圃。

*119 Stand firm: resisting the self-improvement craze, Svend Brinkmann, Polity, 2017.

當然，我們在煩惱時容易胡思亂想，總覺得一切都無從解決（所以我們才會稱之為「煩惱」）。在想破頭也找不出答案的情況下，我們的內在還能自動產生多元對話（＝自我對話）嗎？

答案是「不能」。因為當我們煩惱時，往往是在相同的思緒裡不著邊際地打轉，其中並不存在「多聲性」。現實中，我們經常陷入相同思緒或見解的循環，把絞盡腦汁後得出的同類結論，誤認為「內心的聲音」，甚至預設「只要聽從內心，就能找到最好的出路（唯一的解答）」，抹滅了內在多個自己的衝突與矛盾。總而言之，光是無止境地煩惱，並不等於真正的自我對話。

「面對內在」與「聽從內心的聲音」這類忠告，往往會強化「當下的想法就是真正的心聲」這種錯覺，促使我們急著消除內在的糾葛跟矛盾。也就是說，「聽從心聲」其實是將自己的內在化為單一個體；是自言自語（獨白）；是陷入自我封閉的思考模式。這就像對著牆壁說話，回音不斷放大。在自我啟發文化的影響下，我們過度關注內在，最終可能反而迷失了自我。

簡單來說，現代的自我啟發文化助長了人們只關心內在、自我封閉式的生活方式，也就是奧特加所批判「封閉在自己生命之內」的生存方式。所謂自我啟發的理論，就是獨自埋首於自我，不斷聆聽自己的獨白，逐漸形成一座利己主義的迷宮。

此外，我們從電影《龍爭虎鬥》中得到「抓住情感的尾巴」（＝去感覺）的啟發，乍看像是強調「關注內在」的自我啟發理論，但實際上兩者並不相同。李小龍暗示我們別被眼前看似是答案的指尖迷惑，而是專注於指尖所指向的對象。「不要想，去感覺！」是要我們脫離武斷思考，察覺那些遺漏的訊息，並重視它們所暗示的可能性。

換言之，「不要想，去感覺！」其實就是「消極能力」的另一種表述。這句話不是要我們專注於內在，而是提醒我們仔細品味事物，別急於化解「消化不良」的狀態。

讓契訶夫告訴你「聽從內心」有多危險

「聽從心聲」的忠告，還有另一個問題：我們的注意力經常被光鮮亮麗的職業所吸引。或許，人類本質上就是一種容易被表象吸引的存在吧。

例如，十幾歲的青少年大多嚮往成為歌手、運動選手或YouTuber，但現實是，大多數人無法如願。即使夢想成真，工作內容也極有可能背離原本的想像。

電影《在車上》中出現的契訶夫（Anton Chekhov）劇作《凡尼亞舅舅》，就呈現了這樣的困境。劇中角色「凡尼亞」長年以來都遵循內心聲音而活。然而，他想到自己因聽從心聲而失去的可能性，就感到痛苦不堪、懊悔不已。

我的人生沒有指望了！我明明有天賦、聰明、果敢……如果我能正常地過這一生，或許我早就成為叔本華，或是杜斯妥也夫斯基……我受夠這些胡言亂語了！我要瘋了……媽媽，我已經完了！我完了！*120

劇中這段嘶喊所描述的，正是「放棄自己的可能性」與「不得不放棄那些可能性」的痛苦。能夠體會凡尼亞化與分量的人，應該就能明白：「聽從心聲」並不是萬靈丹。

屋久悠樹的小說《弱角友崎同學》裡有一句台詞：「所謂『真正想做的事情』，不過是此刻的自己，偶然、暫時誤以為是理想狀態的一種幻想罷了。」*121凡尼亞正是依循這種「誤以為自己真正想做的事情」去過生活，最後落得事與願違，在「我受夠了」的痛苦中後悔萬分。

《弱角友崎同學》的這句台詞之所以貼近現實，是因為它包含了「真正想做的事會隨時間而改變」的意涵。即使打從心底認為「真正想做」，這個念頭也可能輕易改變。尤其在缺乏知識與經驗，想像範圍太過狹隘時更是如此。

然而，自我啟發文化卻預設「真正想做的事」必定存在，而且是唯一的真實。這樣的觀點，不只扼殺了自己的多元性，也否定了隨時間變化而產生的可能性。考量到這一點，我們可以確定：「聽從心聲」並非隨時都適用。

此外，熟悉史蒂夫・賈伯斯生平的人應該都知道，他當初對Apple與電腦並沒有多大的熱情。當年賈伯斯「真正想做的事情」其實是到日本當禪僧，是因為合夥人史蒂夫・沃茲尼克（Steve Wozniak）的邀請，他才加入創業的行列。所以，他對科技的熱情，是直到實際投身工作「以後」才萌芽的。*122

也就是說，賈伯斯並沒有把「他者」的觀點當作雜音屏除，也不是單靠「聽從內在的聲音」來決定職涯，更不是只關注內在就找到自己的天職。不論他的演講多麼扣人心弦，我們最好先了解他實際的人生經歷，再來解讀他所說的話。

---

*120 安東・契訶夫。凡尼亞舅舅。（Дядя Ваня）

*121 屋久悠樹。弱角友崎同學3。

*122 倫理學家威廉・麥卡斯基（William MacAskill），在下面這本書中談到賈伯斯的實際經歷及其說詞上的偏誤。
Doing Good Better: How Effective Altruism Can Help You Make a Difference, William MacAskill, Avery, 2016.

從書店架上常見的自我啟發書書名就可以看出，在面對職業、人生、家庭與人際關係的煩惱時，我們往往習慣向「內在」尋求答案。但是，這個處方箋不一定符合實際情況，也未必真的那麼管用。

別再相信「我變好了，世界就會變好」

現代人無論遇到什麼煩惱或問題，都想藉由探索「內在」來解決。這也代表，自我啟發式的諮商服務、故事與商品需求可觀。自我啟發類書籍、講座活動、直銷事業、正向思考、心靈魔術、算命占卜、靈性實踐與相關線上社群，都是在「面對內在」這種文化背景下的產物。

自我啟發與直銷事業，經常參照「只要擁有強烈意念、用言語表達出來並堅定地想像，總有一天會化為現實」這類正向思考的想法。有時候，它們也會換個樣貌，例如「改變觀點，狀況就會好轉」。大致上，所謂的正向心理學領域經常以「科學」色彩來包裝這些說詞。

說得直白一點，這些理論的基礎就是「只要強列渴望，自己／世界就會改變』，或者「只要自己改變，世界也會隨之改變」。拿破崙・希爾（Napoleon Hill）

的《思考致富》、戴爾．卡內基（Dale Carnegie）的《人性的弱點》、《人性的優點》，以及「吸引力法則」等，就是最典型的例子。[*123]

這種強調「憑一己之力創造成果、突破困境並獲得成功」的觀點，強調人要為自己負責，並推崇一種以「堅強的自我」為前提的生活方式。[*124]更確切地說，在這個每個人都被要求靈活因應突發狀況，凡事都要自己負責的時代，如果沒有「只要強烈渴望，自己／世界就會改變」、「自己改變，世界也會隨之改變」的心態，我們在情感上恐怕難以支撐下去。

不過，我們必須重新思考這個理論是否人人都適用？如果過於認真看待「自我啟發論」，就可能演變成：只要讓員工參加幾場講座、改變他們的「觀點」或「想法」，整個公司也會跟著改善。如果真是如此，那麼老闆根本不必費力改善職場環境、工作方式、薪資與職場人際關係。不只是公司，同樣的道理也適用於學校、社

*123 關於一般書籍市場上正向心理學所扮演的詭異角色與相關探討，可以參考Svend Brinkmann的Stand Firm，書中有簡短的歸納彙整。

*124 保守派思想家佐伯啟思在著作『自由とは何か』（講談社現代新書）裡批判道，將「為自己負責」掛在嘴邊的人，其實只是想表達「自作自受」與「不干我的事」。

團與地區等各種社群。

每一個人都必須亢奮起來，才能應對瞬息萬變的情境中產生的焦慮，並且肯定自己。在這種時候，「自我啟發」確實能夠發揮支撐我們度過艱難日子的功能，但與此同時，自我啟發理論也將一切問題都歸結於個人，允許我們忽視社會或團體的異常與問題。[*125]

自我啟發的隱性前提，是一種「憑一己之力就能改變自我，成就理想自己」的信念。這種想法聽起來宛如「福音」，就像賈伯斯曾深深打動許多人的那些話語一般。

然而，這同時是一種「為自己負責」的詛咒，意味著如果狀況沒有好轉，是因為你本身還沒有改變（或是缺發強烈的信念／意志／話語）。即使問題的原因不在自身，自我啟發論仍會賦予我們「必須振作起來面對情況」的「理由」。而最重要的是，這種被視為福音（其實是詛咒）的自我啟發論，表面上使我們過度關注自己，實際上其實是過度簡化了自我。

過度關注內在，其實是在阻礙自我對話

我們先整理一下前面的討論吧。後福特主義要求我們能夠因應突發狀況，同時以靈活方式工作、學習與不斷調整自己。在這種經濟文化之下，憂鬱症與適應障礙等心理健康問題愈來愈常見，但這些問題通常被視為「個人的責任」，而不是歸因於社會或組織。

在如此艱難的環境中，如果不設法激勵自己，可能導致心理健康惡化，難以支撐日常生活。因此，在不穩定的經濟局勢中，自我啟發論掀起熱潮。透過各種課程、書籍以及知名企業家滿腔熱血的演說，「改變對事物的觀點」、「聽從你內心的聲音」，這些指向內在的箭頭，逐漸形成一股巨大的趨勢。

然而，這股趨勢也意味著對他者及周遭的漠視。它將「內在的聲音」之外來自他者及周遭的聲音，視為「毫無價值」的「雜音」，應當被消音。但是，這些來自他者的「雜音」，才能為我們孕育出多元又欣欣向榮的內在庭園。[126]

過度關注自己，將會扼殺存在於自己內心的各種聲音。掩蓋心中的衝突與矛

[125] 木澤佐登志將這個現象，描述為自我啟發所具有的「希望／詛咒的兩面性」。「自我啟發會把個人困在自己的牢籠中，不斷將一切歸結到自身，伴隨著『只要改變自己，世界也會隨之改變』的希望。然而，這同時也是一種詛咒。」『失われた未来を求めて』227頁。

盾，恐怕會強化「自己當下的想法就是唯一心聲」的念頭。自我啟發論與為自己負責的社會，都加劇了這股趨勢的發展。

談到自我啟發時，或許有人會想：「反正我又不在乎自己，那跟我無關」，或「我不想要改變自己」，認為事不關己。不過，焦點其實並非「是否在乎自己」或「是否想改變自己」。

真正的分界，在於我們能否像喪屍電影的主角一樣，時時懷疑自己。就算是極度厭惡自己的人，或根本無意改變自己的人，如果只將注意力放在自己身上，排除外在的聲音（而不是讓它們住進自己的內在），那麼依舊是陷入了本書所謂「過度關注自己」狀態。

以上的論述，聽起來似乎跟「寂寞」的討論互相矛盾。不過，正如前面已經提過的，讓我再重複一次。現代人面臨無止盡的競爭與成長壓力，心理健康的風險已成為日常。這讓我們產生焦慮與憂鬱，因此受到寂寞的擺布。我們因為寂寞而渴望他者，然而，我們追求的卻是能讓自己暫時忘卻不願凝視的焦慮、擔憂與憂鬱的存在，是「止痛藥」一般的他者。

因為寂寞而渴望他者的陪伴時，我們實際上只「考慮到自己」，並沒有關注到那個我們想依賴的「他者」。寂寞是一種「無法與自己對話」的狀態，但歸根究柢，它不是對他者的關心，而是對自己的（過度）關注。

注意力經濟跟過度自我關注是絕佳拍檔（真是個壞消息）

前面已經談過，當前的經濟文化（＝後福特主義）要求我們隨時吸收新知、從不同角度觀察事物，並持續成長，而這會造成兩個問題：心理健康惡化與過度關注內在。

事實上，過度關注自己雖然可以看作一種「止痛劑（painkiller）」般的對症療法，但它絕不是幫助自己忍受焦慮與苛責的解方。確實有人需要透過關心自己、閱讀自我啟發類書籍或觸動人心的漫畫等作品，藉此激勵情緒，好讓自己能夠面對明天的工作。罹患適應障礙的人，也可能必須依賴與他者的連結度過某些時期，除此之外別無他法。

但是，我們仍然必須對「自我關注」提高警覺。因為，過度關心自己，甚至到

*126 到目前為止引用的庭園隱喻，都是來自於哲學家約翰・杜威和心理學家艾莉森・高普尼克（Alison Gopnik）。艾莉森・高普尼克。教養是一種可怕的發明（The Gardener and the Carpenter）。

達「自我崇拜」的程度，不只會簡化自我形象，還可能連原本作為「嗜好」的事物，都變成讓人逃避悲慘處境的「消遣」。

此時，嗜好將會輕易淪為一場維護自尊、博取關注（注意力）的遊戲，讓我們滿腦子只想著「我比他還厲害」、「這篇貼文爆紅，得到好多讚」。遺憾的是，自我關注與注意力經濟之間，就是這麼有默契。

我們真正需要的，其實是「孤獨」。因此，我們應該去建構一個能夠保障孤獨的嗜好。那麼，要如何避免嗜好因寂寞而淪為「消遣」呢？

下一章的焦點，將會著重於現代社會鼓勵自我啟發（關注內在）的同時，又使用了哪些方法來排解壓力與焦慮。當前的社會條件，正在把我們推向「憂鬱的快樂」，甚至是「快樂的倦怠」，詳情就在下一章。

專欄

後福特主義對現代人的影響：愈連結，愈寂寞

這一章的討論，可以理解為對新自由主義（乃至後福特主義）的批判。批判新自由主義本身就屬於「常見」的討論（東畑開人就有好幾本著作是走這個路線）。但是在這些常見的討論中，本章特別關注手機、個人生活方式與心理健康，並且融入媒體理論與存在主義的調性，聚焦的重點與其他討論又稍有不同。

大家在批判新自由主義時，其實也是期待找到人與人的「共同性」或形成「共同體」一般的社會連結，建立不同於新自由主義下個人獨立競爭的關係模式。但我認為，我們更應該反思自己實際上是如何與其他人建立連結的。當我們想與某個人建立連結時，最常見的難道不是透過網路跟對方互傳一些流行語跟貼圖，或是在網路直播中贊助直播主，藉此讓對方唸出自己的暱稱這類做法嗎？這些例子前面都已經提過了。

當然，這樣的連結方式並沒有錯，就連我自己也同樣是活躍的社群網站使用者。不

過，應該也有不少人覺得，只靠這些方式很難真正維持關係吧。這種「容易連結也容易斷裂的共同性」，不僅無法減輕我們的焦慮，反而進一步把我們推向問題的深淵。

為了避免跳入「共同性」與「公共性」的討論，讓我們先在這裡踩個煞車，回到自我啟發理論的討論，並藉此重新檢視我們「封閉式思考」的特性。當我們極端地將自己與他者隔絕後，往往更容易受到「寂寞」的驅使。正因為我們不願承認這個事實，反而將關注加倍投注到「自己」身上。在人群之中卻感到孤單一人（＝寂寞），原因之一或許就在這裡。

此外，關於自我啟發文化，社會學家牧野智和的研究中也有許多探討。《自我啓発の時代：「自己」の文化社会学的探究》、《日常に侵入する自我啓発：生き方・手帳術・片づけ》、《創造性をデザインする：建築空間の社会学》這一系列著作（皆由勁草書房出版），都是從獨一無二的角度進行的珍貴研究。另外，我也從牧野與其他人共同編著的《ファシリテーションとは何か：コミュニケーション幻想を超えて》（中西出版）中，學到許多相關論述。這些研究全都指出，「創造性」、「自由」與「溝通交流」等看似正面的詞語，其實隱含著文化中的權力作用。

第6章

前面我們已經根據現代的社會條件（後福特主義）與文化條件（自我啟發文化），深入探討了心理健康問題，以及我們對內在「自行完結式」的關注。

這些討論都令人體會到，想要真正保有〈嗜好〉與〈孤獨〉是多麼困難。

延續同樣高壓的社會與文化背景，這一章則會聚焦在我們藉由滑手機，渾渾噩噩消磨時間的習慣。

透過這些探討，我們得以掌握對抗〈寂寞〉與面對〈孤獨〉的線索。

這趟尋找失落的〈孤獨〉而展開的冒險，將帶領我們思索幾個單純卻直指核心的疑問：為什麼人總是渴望知識？什麼是哲學？

當手機帶來的
麻痺感退去，
「無聊」正在提醒
我們改變

「快樂的倦怠」無法真正消化焦慮

在現代社會，我們必須不斷求新求變、不斷成長，必須隨時勉強自己維持亢奮的情緒，假裝眼前的工作就是自己想要做的事情，努力克服不穩定的狀況。

當然，這種艱困的環境會影響我們的心理健康。當身心疲憊時，精神狀態自然會變得不穩定，甚至陷入憂鬱，而寂寞感就在此時爆發。寂寞讓我們身處人群中卻覺得孤單無依；認為不管做什麼都只會把事情搞砸；感覺自己毫無用處、沒有人在乎自己、更沒有人認同自己，這些感覺會逐漸滲透到心裡。

面對這個困境，我們有兩種應對方法。一種是訴諸「自我啟發」，透過極度的樂觀正向來重新定義與接納事物，假裝自己一點也不疲憊或焦慮，好讓自己能繼續面對工作與日常。然而，這種做法更傾向「自我封閉式」的生活方式，會過度放大我們對自身的關注。

但環境與人際關係瞬息萬變，社會不斷講求自我成長，這種不穩定性所造成的壓力，還有另一個方法可以處理：將自己包圍在瑣碎的感覺與刺激中，專注於碎片式的體驗，沉浸於「快樂的倦怠（hedonic lassitude）」之中。

這是手機時代最常見的壓力調適法（stress coping）。智慧型手機等裝置讓我們得以同時處理多種工作，但也將注意力分散，把我們的感受切割成零碎的片段。這種恍惚、放空的狀態，反而帶來某種療癒感。

滑手機、免費娛樂活動、圖片與訊息互動、垃圾飲料與食物、零碎的資訊輸入、面對面的談話……這些原本難以同時進行的活動，如今我們都能同時進行且習以為常。當感受被支解成碎片，我們不再專注於某件事物時，心中會湧上一股奇妙的平靜，這或許是我們沉迷於手機與網路的原因之一。

手機造成的「軟性昏沉」給我們短暫麻痺，也讓我們趨近憂鬱

這裡我們再來看看各位熟悉的哲學家馬克・費雪所說的話。他將後福特主義所孕育的心理狀態，命名為「憂鬱的快樂（depressive hedonia）」[*127]這是指沉浸在「快樂的倦怠」中，藉由進入一種「軟性的昏沉狀態」獲得安樂，來避免情緒陷入低落

*127 Capitalist Realism, Mark Fisher, Zero Books, 2009, p.21.

的心理狀態。[*128]

從費雪的《資本主義寫實》（暫譯）來看，這種狀態隨時可能被診斷為憂鬱症，不過在尚未跨越疾病的界線之前，它被定位為「憂鬱的快樂」。也就是說，處於「軟性昏沉狀態」的人，與憂鬱症及適應障礙彷彿僅隔著一張薄紙，他們則藉由沉浸在放鬆又倦怠的安樂之中，暫時忘卻這種狀態。這種安穩是危險的，也是短暫的。

如果以我的方式重新整理，「憂鬱的快樂」就是指「以娛樂、刺激、閒聊來填滿瑣碎的時間，讓自己沉浸於『快樂的倦怠』，進入『軟性昏沉』狀態，從而獲得一抹安樂」。[*129]簡單來說，這是一種將個人體驗拆解成瑣碎且即時的交流與短暫的感官刺激，不必面對其他麻煩（＝焦慮與無聊）就能調適壓力的方法。

費雪更指出，即使這些人內心隱約感到「似乎缺了點什麼」，卻沒有意識到，這種欠缺只能在超越「快樂與否」的層次上才能被填補，因此選擇投奔安樂之中。這一點相當重要。

我們在現代文化中，一方面被迫不斷改變與成長而受盡折磨，另一方面又因過度思考而陷入憂鬱。於是，我們過度攝取影片、照片、音樂、酒精以及碎片化的溝通與交流，將自己置於類似「酩酊」或「昏沉」的狀態，藉此熬過那份異樣與虛脫的感受。

在這個將無止盡競爭及變化視為常態的社會，我們恐怕無法只靠自我啟發來提振情緒，也無法僅憑「憂鬱的快樂」支撐自己，而是需要雙管齊下才能面對龐大的壓力。縱使為無法預測的未來感到擔憂與焦慮，我們卻選擇視而不見，轉而依賴自我啟發式的亢奮情緒來因應突發狀況、快速變化的學習與工作需求，另一方面在下班回到家後，透過手機帶來的無數感官刺激，將自己置於接近「昏沉」的狀態。如此忙亂的我們，正是帕斯卡所批判的人類樣貌。

網路刺激的戒斷症狀：無聊

費雪所謂「憂鬱的快樂」，當然不是什麼好東西。它就像是止痛藥，透過各種感官刺激與短暫交流來麻痺痛苦，只是勉強維持著危險的平衡罷了。我個人深深認為，「憂鬱的快樂」這個概念相當貼切地捕捉了我們的處境，不知道各位是否有同

*128 同前書，p.23。
*129 同前書，p.21-23。

感呢？

至少，現在的學生對這個概念都很有共鳴。我在大學課堂上向一年級學生談起這個概念時，得到許多迴響：「我也經常覺得自己好像少了點什麼，感覺很寂寞。」「我也會靠娛樂來掩蓋焦慮。」「要是沒有刺激，就會突然覺得寂寞。」「這個形容精準得害我以為自己被偷窺了。」

費雪也曾在大學任教，他以學生的經驗來說明沉浸在「快樂的倦怠」中是什麼模樣。他提到，曾經出過一份閱讀文章的作業，結果連成績比較優秀的學生都抱怨功課「很無聊」。

費雪表示，學生感到「無聊」，跟內容是否有趣無關，而是因為「快樂的倦怠」被打斷而產生的抗拒。雖然他寫得有點難懂，不過我們還是先來看一下這段文字：

（學生所謂的）無聊，僅僅意味著從簡訊、YouTube跟速食所構成的交流與感官刺激矩陣被抽離，短暫地失去了隨手可得的甜蜜滿足。*130

學生渴望以可以立即理解、立刻享受的刺激與娛樂包圍自己，沉浸在「快樂的倦怠」之中，進入「軟性昏沉狀態」。費雪認為，學生其實是將那些會使自己抽離「軟性昏沉狀態」的事物，貼上「無聊」的標籤。

幫助我們逃避無聊的娛樂與刺激，確實能讓我們短暫忘卻被迫面對的激烈競爭，以及必須不斷追求自我成長、克服突發狀況的焦慮。但是，在帕斯卡看來，這不過是一種虛無的「消遣」。

倦怠又注意力渙散的現代人，最容易被手機綁架

像抖腳、擠青春痘或重新破解已通關的手機遊戲，這類反覆且單調的動作，都反映出對片斷化感受的執著，精神分析學家湯瑪斯・奧格登將這種心理狀態稱作「自閉—接觸心理位置」。*131 精神科醫師唐納德・梅爾策（Donald Meltzer）參照奧格登的見解，從「專注」出發，提出相當有意思的論述，讓我們來看一看：

*130 同前書，p.24。
*131 Subjects of Analysis, Thomas H. Ogden, Jason Aronson, 1977.
具體的例子是我個人的補充，當時奧格登並沒有提到手機的議題。

梅爾策認為，人類的「專注」能力，能夠統整多種感官，從多個面向了解感知對象。但是，許多臨床案例卻顯示，人有時會暫時停止專注。這時會發生什麼事？梅爾策指出，暫時停止專注時，感覺會變得支離破碎，而這些破碎的感覺，會各自「與當下最有吸引力的對象結合」。[*132] 這段話令人費解，不過在讀完接下來的說明，各位應該會更加了解，不必擔心。

梅爾策的分析，更深入解釋了費雪「憂鬱的快樂」與「快樂的倦怠」。當我們暫時停止專注，讓感覺被支解成碎片時，相當於將對象的多重面象與多元意義拆解開來，只執著於碎片中當下最能吸引自己的部分。這麼做可以減少我們對外界資訊的接收量，在單純、重複的感覺節奏中，讓混亂的自己沉靜下來，這就是梅爾策的診斷。結合梅爾策與費雪的見解可以看出，「快樂的倦怠」成了手機時代最容易採取的心理調適方式。

手機的多工處理，讓感覺更容易被切割成碎片；網路上充斥著誇大影音、偏激的言論與故事，以及直白強烈的表演，也就是一個個吸引我們注意的對象。我們不僅一窩蜂地投入其中，甚至成為這些內容的製作者。以TikTok為例。只截取歌曲中最吸引人的片段，編輯成簡單好懂的短影片，讓人不斷重播，正好符合渴望沉浸在「快樂倦怠」中的現代需求。

言歸正傳。要求靈活應變、隨時提出新觀點以及持續成長的社會（後福特主義／

新自由主義），不只容易導致憂鬱症等疾病，還將這些現象歸結為個人的問題，使每個人過度關注自己的內在。

在這種身心俱疲的狀況下，人們不是將「改變自己就能改變世界」的自我啟發論內化為一種希望，就是沉浸在「快樂的倦怠」中，藉由「憂鬱的快樂」如同驅魔般排除焦慮與虛脫感，忽略心中那股「似乎還少了什麼」的聲音。

然而，這麼做其實是「一步錯，步步錯」。依照費雪及帕斯卡嚴格的標準來看，我們與憂鬱症跟適應障礙都只有一線之隔，只是假裝自己沒事，忙著投入各種「消遣」罷了。

我自己也是重度手機成癮者，時常沉浸在「快樂的倦怠」中，並非置身事外。各位呢？如果你也是這個問題的當事人，接下來更重要的，就是如何脫離這種狀態。讓我們更深入地探討這個論點。

*132 Explorations in Autism: A Psychoanalytical Study. Donald Meltzer. Karnac Books, 2008.

凝視情緒的重要

一旦與各種刺激切割開來，我們就會感到「無聊」。但是，就算被刺激包圍，內心仍然有一股「似乎少了什麼」的感覺。那無處可逃、深不見底的焦慮，就像在我們腳下翻滾沸騰著。

我們都想盡可能擺脫「無聊」與「少了點什麼」這些難以忍受的情緒，但實際上並沒有那麼容易。而且，這些感覺帶來的不只有痛苦。

哲學中，會將個別情感與「情緒」區分開來。以哲學家馬丁．海德格為代表的存在主義哲學中，「情緒」是一個重要概念。它會將人的活動完整滲透並染上色彩。[*133]「情緒」會以我們無法控制的方式，在比思考與行為更深的層次中形成，並且滲入我們的自我。最重要的是，「情緒」能夠為我們揭示本質上具有重大意義的事物。[*134]

接下來，我們就來探索現代社會的根本特徵，包含現代人容易產生哪些情緒？這些情緒又為我們揭示了什麼道理？當然，討論這些問題時，也必須考慮到手機等媒體環境。

Netflix與YouTube帶來的強烈視覺刺激，即時訊息裡無關痛癢的互動，互相開玩笑時傳送的貼圖與迷因，介紹生活智慧的網路文章，宣傳營養保健品跟減肥塑身產品的廣告，誇大全新電子產品功能的貼文，粉絲浮誇地談論心愛角色多麼「偉大」的交流……我們總是一股腦兒地在這些氾濫的垃圾資訊中尋找著什麼。

這種生活模式，究竟讓我們產生了什麼樣的情緒？費雪使用「缺少些什麼」及「無聊」來形容的這些感受，其實就等同於寂寞與焦慮的情緒。因此，我們才透過不斷消費與娛樂的生活模式，像驅魔般地試圖排除這些情緒。

然而，那些只要轉移注意力就能暫時壓下的「少了點什麼」的情緒，其實揭示了重要的道理。所謂「無聊」與「少了點什麼」的情緒，暗示著我們：有些重要的問題並沒有被真正處理。換句話說，這些焦慮情緒，源自於我們不去跟「糾結」、「消化不良」、「晦澀」、「難以理解」等感受共處。

前面提到「問題出在輕易探索內在」，這看似跟「面對情緒」無關，其實不然。真正的的問題，在於我們缺乏與「難以消化的感受」共處的能力。「少了點什

*133 Das Wesen der Stimmungen, O. F. Bollnow, Klostermann. 1995.

*134 關於「不要想，去感覺！」和「情感的內涵」的各種探討，都可以當作「情緒」概念的問題來重新閱讀。

麼」的情緒，揭示了與疑惑共存以及自我對話的重要性。結合前面的討論，可以說，這些情緒鼓勵我們透過嗜好與疑惑展開對話，甚至是與「多元的自我」對話。

心聲未必都是「正向的」

另外，我們還要釐清一點。當談到「傾聽自己的情緒」時，有些人可能因為自我啟發文化的影響，直覺地以為這是積極正向、活力充沛、有遠見與令人滿心期待的活動。但是，傾聽情緒與「正向思考」根本毫無關聯。

不過，為什麼「傾聽情緒」這句話，會讓人有「聽從自己樂觀積極的心聲」這種誤解？這個問題值得商榷。

在社會科學領域中，以「個人化」來稱呼將各種事情歸結為個人問題的現象。而我們身處的，正是在各個層面都徹底「個人化」的現代社會。在這個環境中，人們渴望以「簡潔明快」的解釋來減輕自己的負擔。過度追求樂觀積極，正是出自這種脈絡。

回想一下，自我啟發文化假設「內心的聲音」只有一種，因此「心聲」必然能引導我們走向唯一的道路。只要擁有「聽從心聲的勇氣」，就能找到唯一的答案。這麼一來，我們就不需要「糾結」或「消化不良」了。這代表不必花時間面對麻煩，就能立刻讓自己亢奮起來。

心理師東畑開人對此的解說如下：

如今，糾結是不受歡迎的，因為它讓人感到不舒服。在糾結時，我們會陷入不快，感到痛苦。糾結之所以這麼不受歡迎，似乎與「孤舟化」（＝個人化）有關。如果要穿越一片充滿風險的汪洋，就不能讓（自己這艘）小船承載多餘的東西。因此，我們才會盡可能避免「糾結」，想要讓自己變得乾淨俐落、保持輕盈。*135

*135 東畑開人。什麼都找得到的夜晚，只是找不到我的心（なんでも見つかる夜に、こころだけが見つからない）。

允許焦慮停留

看來，我們需要回頭關注自己正耽溺在什麼樣的情緒中。問題在於，我們沉浸在快樂的倦怠裡，不斷接受交流與娛樂的刺激，感官早已被麻痺，無法立即「看見」自己的情緒。因為我們正是靠著刺激與交流，將無聊與焦慮這些情緒像是「驅魔」一樣趕走了。

首先要留意的是，我們對於自己所耽溺的那種「情緒」，就像我們不會刻意留意呼吸與空氣一樣。只有在劇烈運動、不小心嗆到或潛入水中這些異於平常的狀態下，我們才會想起自己需要呼吸與空氣。同樣地，那個在更深層替我們指引方向並滲透我們的「情緒」，通常不會在日常的感受與思考中現身，多半只會透過感覺與思考的〈裂縫〉被我們捕捉到。

那麼，這到〈裂縫〉在哪裡？可以確定的是，我們都在拚命填補這道〈裂縫〉。我們都有「少了點什麼」的情緒，也明知單靠「快樂與否」的層次並不能填補這種匱乏，卻仍然置身於碎片化的刺激洪流之中，好讓自己不去注意到「少了點什麼」。值得慶幸的是，今日的技術條件恰好高度支援我們這麼做（這是反諷）。

既然如此，就有必要從平常的狀態抽離，暫時停止那些會將焦慮及憂鬱「淨化」與「祓除」的事物，也就是YouTube及Instagram等帶來「快樂倦怠」的「資訊咒術」。

我們總是用「快樂的倦怠」，去掩蓋焦慮與無聊這些負面情緒。所以，只要跟快樂的倦怠保持一段距離，平常的感覺與思考就會出現一道〈裂縫〉，也許在那一瞬間，我們可以窺見更深層的情緒。、當你因此感到有些無聊時，或許就能看見附身在我們身上，卻被我們刻意忽視的「情緒幽靈」。而在這裡，正藏著我們所需的線索。

簡單來說，我們必須先允許自己感到無聊。放下手機帶來的快速、即時的刺激，從「快樂的倦怠」抽離，用腳尖去探一探因此浮現的無聊與焦慮。千萬別二話不說就直接跳進去——要像在寒風刺骨中泡溫泉一樣，慢慢地入水。重點是：留意自己細微的感覺變化，花時間感受那股「少了點什麼」的情緒。不需要著急，也不必一口氣栽進去。

所以，你不必刪除社群帳號或丟掉手機，畢竟那根本不切實際，也毫無參考價值。我真正的建議頂多是：「不要為了假裝鎮定或忘卻焦慮，而持續接收手機帶來的刺激」，以及「偶爾感受一下無聊、焦慮與少了點什麼的情緒」。那會是什麼狀態？讓我們接著看下去。

情緒的裂縫，提醒我們改變

雖說感覺的〈裂縫〉很重要，但為什麼需要「提高警覺」才能察覺它？因為，無聊、焦慮與虛脫感，就像泥濘的水池，會逐漸束縛我們的行動。

憂鬱的虛脫感尤其不能小看，它會讓人在不知不覺中沉入無法呼吸的深淵。我們必須像喪屍電影的主角一樣，凡事都小心翼翼，別以為自己可以脫險，而是要在沉默中聆聽變化的徵兆。

進一步來說，沒有必要讓無聊與焦慮吞噬自己。最重要的是察覺〈裂縫〉，並體驗自己的情感與感覺變化，而不是陷入焦慮的情緒，放任本應多樣化的自己逐漸消逝。

那麼，察覺〈裂縫〉、體驗感覺與情感的變化，究竟有什麼用意？哲學家約翰．杜威認為，感覺的變化是重組自身行為、改變存在方式的轉捩點。因此可以說，〈裂縫〉也暗示著在「消化不良」、「糾結」與「晦澀」的狀態下持續與自己對話，由此來逐漸改變行為。

這個觀點還滿有意思的，我們來看具體的做法。杜威強調，我們應該凝視在感覺推移的瞬間所產生的「擾動」：

> 我們感覺冷，與其說是感覺到冷本身，不是說是從熱到冷的推移。堅硬，是在較少阻力的背景下感覺到的。色彩，是與自然光、黑暗或其他光澤的對比下才顯現出來。〔……〕這些感覺，其實經常受到其他要素的侵入所擾動，並代表著一連串往返不息的微細波動。這種「擾動」，正是提醒我們要改變行動方向的信號。*136

杜威提到的，是皮膚觸感與明暗變化這類身體感覺，不過，這番論述也可以套用在我們討論的焦慮、無聊與「缺少什麼」的情緒。

一言以蔽之，無聊與焦慮不是應該被忽視的對象，而是應該被凝視的對象。總覺得有些不對勁，似乎有什麼異樣存在。如果想要夠敏銳地感知這些瞬間，我們就必須採取奧特加建議的態度：別試圖解釋內心的一切，而是要仔細注意事物的變化。「勢必會感到一種切實的不確定性，驅使他時刻保持警覺」，奧特加的這句話，就像在描述我們捕捉感覺波動時應有的姿態。*137

*136 約翰．杜威。哲學之改造（Reconstruction in Philosophy.）。譯文修飾了部分用字。

感覺的變化是改變行為的訊號。原來如此。不過，波動是怎麼改變我們的行為？……這個問題沒有直接的答案。因為每個人布置自己內在庭園的方式都不盡相同，下一步也因人而異。

無論如何，可以確定的是，唯有在面對這種波動時，我們才需要消極能力。最重要的是，面對這道〈裂縫〉時，不急著尋求特定的答案，而是在搖擺不定中持續思考。

我幾乎可以聽見有人說：「嗯，好像有道理，但還是一頭霧水。」所以，接下來就讓我們透過幾個相關的話題，尋找面對〈裂縫〉的方法。雖然我無法像勵志書那樣斷言，但我們至少能找到一些發揮消極能力的線索。

面對無聊的正確態度
——向享受隔離生活的盧梭學習

雖說我們活在心理健康容易惡化、有如喪屍電影般的環境裡，但前面也說過，大多數人並非馬上就面臨生命危險，而且奧特加描述羅馬軍人的段落，仍顯得偏離現實。[*138] 畢竟，我們談的只是暫停透過手機或其他媒體，讓自己沉浸在各種娛樂與刺激之中的生活，去面對因此而產生的感覺與情感的〈裂縫〉。

暫停藉由消費與自我啟發來激勵心情，透過手機沉溺於快樂的倦怠，面對感覺與情感的〈裂縫〉時，會湧現「少了點什麼」與「無聊」的情緒。這些情緒可能會束縛並吞噬我們，使我們的心理健康逐漸惡化，因此必須掌握適當的用法與使用量。那麼，該如何在自己能接受的範圍內，體驗恰到好處的無聊呢？

說穿了，這些情緒體現出我們不願面對「糾結」、「消化不良」、「晦澀」與「難以理解」的心情。既然如此，「嗜好」應該可以給我們一些提示。在思考嗜好時，我們不妨參考哲學家盧梭（Jean-Jacques Rousseau）的證詞。

哲學家凱瑟琳・馬拉布（Catherine Malabou）在疫情期間被迫「居家隔離」時，寫了一篇文章，重新發掘盧梭著作《懺悔錄》中某段文字的價值。*139 她所關注的那一節，描述盧梭從巴黎乘船前往威尼斯途中，因瘟疫而被迫在熱那亞進行隔離的

*137 何塞・奧特加・加塞特。大眾的反叛（La rebelión de las masas）。

*138 如果你現在這個當下就活在宛如死裡逃生的痛苦中、還沒有就醫的話，請別急著看這本書，先向身心科或諮商窗口尋求協助吧。受傷就該去看醫生，哲學只要當作在受傷以前有備無患，或是暫且包紮完畢後需要多加思考時的方案即可。

*139 Quarantine from Quarantine: Rousseau, Robinson Crusoe, and "I". Catherine Malabou. 2021.

經歷。

盧梭的隔離生活，跟我們在新冠疫情中不知道如何是否該外出，不知道被感染的風險有多高，只能焦慮地困在家中的處境形成對照。因為，盧梭具備了享受孤獨的氣度。而且，他的孤獨完全不會讓人聯想到「孤獨」一詞所包含的嚴肅成分。

當時正值墨西哥爆發瘟疫。英國艦隊停泊在那裡，檢查了我乘坐的帆船。經過漫長又艱難的航行後，我們抵達熱那亞，受到二十一天的檢疫隔離。

乘客們可以選擇留在船上或是前往隔離病舍，但據說隔離病舍還來不及布置完善，裡頭空空如也，因此大家都選擇留在船上。船上悶熱難耐、空間狹窄，既無法走動，又有蝨蚤的叮咬，因此我寧可去住隔離病舍。我被領到一間兩層樓的房子裡，裡面空空如也，沒有窗戶、床鋪、桌椅，更沒有一點乾草可躺。有人送來我的大衣、睡袋與兩個箱子，隨即用大鎖鎖上大門。我被留在其中，隨意地從一個房間走到另一個房間，從一層樓逛到另一層，到處都空無一人，蕩然無物。

然而，我並沒有後悔選擇了病舍而非帆船。我像是第二個魯賓遜一般，著手安排這二十一天的生活，彷彿要在此過一輩子似的。我先是愉快地捕捉從船上帶來的蝨子，把所有的新舊衣物換洗一新。整頓一番後，我開始布置選定的房間，用西裝背心與襯衫做成一個厚厚的床墊，把好幾條毛巾縫成床單，以睡衣當被子，用大衣捲成枕頭。我把一個箱子橫放當作凳子，把另一個箱子立起當桌子。然後取出紙張和文具盒，把所帶的十多本書排好。總之，我布置得井然有序，除了沒有簾子和窗戶以外，這個空無一物的房子，幾乎與我在維爾德萊街網球場附近的家中一樣舒適。至於用餐，那場面簡直隆重至極。兩名持刺刀的擲彈兵護送餐食過來。樓梯就是我的餐廳，樓梯口的平台是餐桌，台階則是椅子。等飯菜擺好後，送飯人便退下，隨後搖鈴示意我可以開動了。

兩餐之間，當我不讀書寫字，也不再布置房間時，我便在當作庭院的新教徒墓地散步，或登上朝向港口的屋頂，眺望船隻出入。就這樣，我度過了兩個星期。*140

讀到這段文字時，我的第一個念頭是：「看來他過得很開心嘛！」同樣是受到隔離，盧梭能夠親手布置環境，按照自己安排的方式生活，而且還樂在其中。從這段經歷我們可以明白，孤獨不必然是皺眉沉思，或是唯有深山僧侶才能抵達的領悟境界。

維持「自治」，享受孤獨

盧梭的隔離生活除了「看起來很開心」以外，還有另一個值得關注的重點，就是他會親手製作各種物品。而且他並不是為了把枕頭、床單等東西「做得漂亮」，而是依照自己的方式，以身邊僅有的物品布置出「好成果」。這並不是為了獲得別人的肯定，也不是因為非做不可，只是因為他想做，所以過程才顯得那麼開心。

順帶一題，盧梭也是作曲家，日本童謠「握緊拳頭、打開拳頭」（むすんでひらいて）的旋律就是出自他的手筆。盧梭不只寫哲學書，也會透過作曲來體驗那種與「糾結」對抗的「無聊時光」，再加上裁縫等活動，他幾乎是把整個生活當作嗜好來享受。*141

更有深意的是，盧梭透過這段隔離的經驗，得以在生活中保留了孤立。當然，他之所以能夠做到，也是因為沒有手機，以及能夠享受創造的樂趣，但更不能忽略他所擁有的「自治（self-government）」特質。這裡所謂的「自治」，是指暫且擱置傳統的規範與他人的目光，創造出自己專屬的規則，並依其行動的自由狀態。

美學研究家伊藤亞紗在網路媒體「We/Meet Up」上也談到營造自治領域的魅力：

> 在那裡（＝自治領域），不必遵守傳統的教條，而是自己創建規範。
> 我認為這種樂趣是遊戲時所需要的。不只是小孩，大人一定也需

*140 盧梭。懺悔錄（Les Confessions）。

*141 雖然我這樣寫，但有點太美化盧梭了。其實他的疑心病很重，不只人際關係糾紛不斷，也是會為了炫耀而大談私事的文學家先驅（就像社群網站的元老一樣）。也就是說，他同樣飽受寂寞所苦，並非置身事外高談闊論。雖然我們也可以用否定的角度看待他的脆弱，但最重要的應該是別以為事不關己。我們應該要跟面對被寂寞擺布的葛城美里一樣，在自己的心中找出盧梭。

> 要。在社會生活中，我們依循外界規範來行動，而刻意營造出跳脫規範的場所，對大人來說也許就是一種「遊戲」。[142]

與別人共處時，我們往往依照外在的規範調整言行舉止。不過，能按照自己的規則行動，也同樣重要。從伊藤的這番論述看來，「自治」與孤立跟孤獨的議題相當契合。

「自治」，就像是一種透過孤立進行自我對話的遊戲。此時，「自治」的意思不是「不被人打擾或妨礙的孤立」，而是建立一個遠離社會評價與他人目光等世俗因素的隔絕領域。

伊藤的「自治」概念，可以說是「孤立」概念的延伸。她所指的，是在這種遠離社會規範與評價的隔絕領域中，以遊戲的心態投入創造與創作。我們稱這種狀態為「嗜好」，而伊藤則是將這種遊戲過程中產生的「與外界斷絕聯繫」的感覺，稱作「自治」。或許，盧梭在隔離生活中所實踐的，就是指這個樣的過程。

順帶一提，聽到「自治」或「創造自己的新規範」時，許多人可能會以為「這豈不是一種自我封閉嗎？」當然不是。「自治」是指不再依附他人，不再為了獲得他人肯定而刻意展現自己的狀態。

自治可以切斷外界的連結，為我們確保廣義的「孤立」。在這個寂寞不斷膨脹、世俗眼光難以忽視的手機時代，「自治」或許是一個值得借鏡的關鍵字。

嗜好不只帶來樂趣，有時也彰顯「痛苦」

像盧梭一樣營造「自治領域」，是所有人都需要注重的事。只要能夠擁有自治領域，就不必害怕在孤獨中面對無聊。因為在自治領域裡，即使會感到焦慮或無聊，也會得到同等的樂趣。

自治這個論點，呼應了第四章加持良治的西瓜田故事。在疫情造成社會混亂之際，盧梭在隔離病房的制約下，設法利用資源來布置及改造環境；而加持置身於世界毀滅與生命危險之中，依然反覆嘗試栽種西瓜。無論是哪一種嗜好，都具有無關社會狀況、社會義務或實用性的一面。嗜好存在於脫離社會生活的評價與規範的地方。加持甚至「沒告訴過任何人」自己的嗜好，由此可見，他也具備了「自治」的能力。

*142 https://www.pola.co.jp/special/o/we/meetup/ito-asa01/

前面也提過，嗜好可以帶來孤獨，實現自我對話（＝思考）。因此，嗜好有助於我們理解自己創造的事物，以及自身的特徵。在「EVA」中，也有一段結合了「創造」與「理解」的對話（電視動畫第十七集「第四個適格者」）。

真嗣：這些是……西瓜嗎？

加持：對，很可愛吧？這是我的嗜好，沒告訴過任何人。創造、培育某樣東西是件很棒的事。可以注意到各種事情，並從中學習，比方說快樂的事情。

真嗣：或是痛苦的事情。

加持：你不喜歡痛苦嗎？

真嗣：我不喜歡。

加持：你有找到快樂的事情嗎？

真嗣：……

加持：那也沒關係，愈是了解痛苦的人，愈能夠溫柔待人。這跟脆弱是不一樣的。

加持的見解，不只與盧梭的經歷相符，甚至更加深刻。讓我們依序整理並理解這段對話。

創造可以帶來理解。加持認為，「了解」是一件快樂的事，這也是在隔離生活中發掘出樂趣的盧梭所擁有的心境。各位或許很難想像「了解是快樂的事」，可以先把它當作是在創造的過程中逐漸發現趣味，而這種感覺又是如何連結到過往的經驗，並與多元的自我產生關聯。

不過，加持也承認，嗜好同時會讓我們意識到「痛苦」。所以，在自治領域裡創造與培育某樣東西時，未必只帶來舒暢或美好。在孤獨中，我們可能會受到焦慮侵襲，或是只能看見自己討厭的部分，甚至喚醒悲傷的過去與厭惡的情感，這些風險無法否認。

盧梭作為潛在感染者而受到監視，他在隔離病房中的生活也不可能充滿單純美好的快樂。即使盧梭能夠營造自治領域並享受嗜好，但他在那段日子裡經歷的，絕對不只有快活而已。由此可見，加持跟盧梭在這方面十分相似，不過加持的體會更加深刻。關於這一點，讓我們繼續探討下去。

面對「痛苦」可以使人溫柔

「愈是了解痛苦的人，愈能夠溫柔待人。」加持的這句話值得我們關注。這意味著，透過嗜好與自己相處時，雖然可能會痛苦到無法呼吸，但也不全然是壞事。然而，這並不是「痛過才能溫柔待人」這種陳腔濫調。我們必須徹底拋開「傷痛會自動讓人變得溫柔」的想法，才能理解這句話的含義。

那麼，加持究竟想要表達什麼？其實，他所說的「痛苦」，並不是指單純的心靈創傷，而是在進行「創造與培育某樣東西」的嗜好時，必然會面對的「痛苦」。

加持對真嗣的提點，應該理解為這樣的假說：能否溫柔待人，取決我們於在孤獨之中，是否曾經好好面對那些消化不良的記憶、糾結的情緒與不願凝視的現實，還有斷不斷的思緒，而不是輕易為它們下定論。

唯有透過嗜好，在生活中保有孤獨的人，才能「看得見」與「理解」那份「痛苦」，而這份痛苦才可能使人溫柔。加持所期望的，其實是在與社會隔絕的地方，透過創造或培育某樣東西，與那些難以消化與晦澀的感受共處，因而孕育出溫柔待人的可能性。

對抗痛苦過去的過程至關重要
——電影《在車上》的啟示

或許還是有人覺得抽象，就讓我們接著從電影《在車上》來解讀這個概念。

片中主角家福悠介（西島秀俊飾）先後經歷與女兒死別、妻子偷情，以及妻子過世的痛苦過往。但是，這些經歷並沒有自動讓他變得「溫柔」。他必須設法走出這段過往，不只是承受煎熬，還要「理解痛苦」，才能夠真正「溫柔待人」。這裡的「了解」，指的是在創造的過程中，反芻那些難以掌握、無法完全消化的情緒，並以自己的方式去理解它們。

家福在「逐漸理解」痛苦的過程中，執導並主演了契訶夫劇作《凡尼亞舅舅》多語言改編版，代表他確實完成了一項龐大任務，這也與「創造某樣東西」的嗜好緊密相關。*143

不過，這並不代表他已經「沒事了」，從此不再畏懼痛苦回憶。畢竟，他的「糾結」仍尚未完全消化。

他的傷痛並不能用「癒合」來簡單描述。他的創傷並不會在癒合後消失，必然會留下消除不了的傷疤。死別意味著失去與故人和解的機會，這種失落並不是靠一些方法或對策就能「解決」的問題，只能設法與之妥協。也就是說，這份傷痛勢必令他「消化不良」。

但是，即使這些「痛苦」終究無法完全消化，試圖去消化的努力也不會白費，更絕非毫無意義。我想，看過這部電影的人應該都會同意這一點。*144

「不只是經歷痛苦，而是要去了解痛苦」的重要性，也可以透過精神分析學中「通透（Working-Through）」的概念來理解。佛洛伊德（Sigmund Freud）在論文《回憶、重複與通透》*145 當中，提出讓患者將自己在行為上反覆經歷的體驗說出口、加以意識化的治療方式。

在這篇論文中，精神分析師的角色雖然重要，不過如果用簡單的方式來說，論文內容大致是：過往的體驗與經驗會刻進潛意識，使人不自覺地在日常行為中重複這些事。藉由不斷察覺這種重複行為，並加以解釋這些行為的過程，就能逐漸意識到原本在無意識中做出的行為。

也就是說，透過反芻內在體驗，讓行為層次上的無意識「重複」，轉變成思考層次上的有意識的「記憶」，這個過程就稱作「通透」。

加持所說的話，也可以理解成這個意思。「愈是了解痛苦，愈能溫柔待人」的真正含義，不在於關注「痛苦」本身的量與質，而是在於：唯有在嗜好帶來的孤獨中，藉由「通透」那些「痛苦」，人才能變得「溫柔」。這也是人生不可或缺的重要過程。

---

*143 當然，家福是為了工作才出演舞台劇，但這一點並不影響我們的解讀。因為這裡所說的「嗜好」，是指不受實用性、社會評價、寂寞擺布，在不斷嘗試中「創造事物」的行為。

*144 我在《鶴見俊輔の言葉と倫理》（人文書院）第三部「日常與脆弱」中，用了完全不同的前提來談論消化（walk-through）的過程，希望各位能夠一併閱讀。

*145 《回憶、重複與通透》（Remembering, Repeating and Working-Through）中譯版收錄於《重讀佛洛伊德》。

在高壓環境下被迫隨機應變的真嗣，就是我們的寫照

「在田裡種西瓜」這一件事，就能解讀出這麼多意涵。若我們再用這些意涵回頭看「EVA」的世界，許多印象也會跟著改變。

話說回來，主角真嗣的處境又是如何？他被迫在「不能失敗」的狀況下持續作戰，與夥伴合作的同時也必須跟他們互相競爭。更糟的是，敵人每次出現的型態與進攻方法都不一樣，他不能因為曾經贏過對方就從此放心。真嗣必須適應不斷變化的敵人，並且快速成長。

此外，他在職場上經常受到職權騷擾，沒有人關心他的感受。他被迫做出會傷害夥伴的決斷，如果猶豫不決就會被罵「毫無責任感」，還因為在生死關頭驚慌失措而遭受指責。這種充滿責罵的職場與社會狀況，幾乎沒有改善的可能。真嗣只是個十幾歲的孩子，卻長期置身於這種處境。

雖然動畫裡不可能提到病名，不過在這種結構性壓迫下，真嗣顯現出來的憂鬱傾向，無疑就是「適應障礙症」。他試著打起精神、自我激勵，甚至反覆聆聽錄音帶來逃避溝通——嘗試過各種排解壓力的方法，卻沒有一個能真正解決問題，反而使狀況更加惡化。

而在這樣的處境下，職場上不僅沒有人關懷罹患適應障礙症的他，反而還大談「為自己負責」的原則，對他的每一次暫時逃避提出質疑，將他逼進窮途末路。這樣的心理狀態，怎麼可能保持健康？

讀到這裡，各位應該已經明白：真嗣就是我們的寫照。在現實社會中，我們同樣與別人競爭（偶爾合作），被要求不斷成長，卻看不到改善環境的希望。沒有人真正伸出援手，心理健康問題只會被當作是「個人的責任」。一旦想要暫時抽身，就會被指責「沒有責任感」或「只會逃避」。就算嘶吼出自己的痛苦，也沒有人願意傾聽。於是，我們只能設法激勵自己來熬過這一切，或沉浸在「快樂的倦怠」中。

其實，身處在嚴苛處境下卻無人關懷的，並不是只有真嗣一個人。其他福音戰士中的登場人物也是如此。有的人聽命行事，將其他的一切都拋諸腦後（綾波零），有的人無法忍受「沒有安身之處」的自己、只能緊抓著自己的能力與成就來維繫自尊（明日香）。這些表現，不只可以看作是寂寞的體現，也揭示了社會不允許脆弱，只要求隨機應變與不斷成長的環境對我們所造成的負擔。

這麼看來，「EVA」相當於呼應了費雪的討論，也就是後福特主義經濟文化以與心理健康的關聯。從這個角度來看，真嗣在西瓜田裡聽到加持的那番話時，恐怕很難認為與己無關吧。

人的理解有極限，我們總是不完整

在所有角色中，加持良治是少數跳脫職責、溫柔對待真嗣的人。他已經領悟到自己死期將至，於是多次向真嗣搭話，想把心願託付給他。其中一個心願，就是關於「西瓜田」對話。如果說加持所談論的「嗜好」，對真嗣來說別具意義，那麼，對於身處同樣境遇的我們來說，應該也同樣值得深思。

雖然前面討論的「嗜好」論點已經相當耐人尋味，不過加持還有另一個有趣的地方是，他不斷強調人的有限性，也就是「我們都有極限」。最後，我們就來看看這個論點。

在西瓜田裡，加持告訴真嗣「創造、培育某樣東西是很棒的事。因為可以注意到各種事情。」然而，在其他場景中，加持又教導真嗣：人的理解是有極限的。這個立場看起來似乎很矛盾，他一方面強調「了解」的重要，一方面又指出「了解有其極限」。加持究竟想說什麼呢？

在某個無法入眠的夜裡，兩人就像是延續西瓜田的對話般，有了這段對話（電視動畫第十八集「生死的抉擇」）：

真嗣：不過最近我得知很多關於我爸爸的事，像是工作的事、媽媽的事，所以……

加持：你錯了，你只是自以為知道而已。人無法完全理解別人，甚至連理解自己也有難度。兩個人要完全互相理解是不可能的。

加持所強調的是：本質上，人無法做到「徹底的理解」，不只是對他人，就連對自己也是。這提醒我們，我們對感覺與情感的遲鈍，不只是手機時代的問題，更應該理解為「人類本來如此」。

這個觀點，正好跟哲學家斯坦利・卡維爾（Stanley Cavell）的想法如出一轍。卡維爾非常推崇詩人拉爾夫・沃爾多・愛默生（Ralph Waldo Emerson）提出的人類共同特質：「醜陋（unhandsome）」。人之所以「醜陋」，是因為我們有缺陷、扭曲，永遠不完整。當我們以為自己完全掌握了，它卻從指縫間溜走。也就是說，正是因為人類是「有限的存在」。

卡維爾認為，我們總是「有所欠缺（not whole）」且帶著「偏頗（partiality）」*146，面對某些人事物，經常懷有偏見。他指出，人類無法拋開這種不完整性。我們在本體論上的不完整，以及不可避免感到匱乏的狀態，正是人類這種生物「醜陋」的前提條件。

正因無法完全了解，人類才會渴望了解

但是，這個想法似乎有點危險。如果認定「人無法完整理解自己與別人的想法」，我們就可能陷入兩種極端：不是心想「那麼不管跟誰或是跟自己對話，都毫無意義」而憤世嫉俗，就是垂頭喪氣地認為「做什麼都沒用」。這似乎會導致人們逃避溝通與交流，最後只會被動地隨波逐流，以冷眼旁觀他人的姿態活著。

不過，加持良治雖然理解到這一點，卻沒有垂頭喪氣或憤世嫉俗，更沒有轉而依賴他人。他並沒有受到焦慮與寂寞擺布。延續前面引用的對話，他這麼說道：

> 你錯了，你只是自以為知道而已。人無法完全理解別人，甚至連理解自己也有難度。兩個人要完全互相理解是不可能的。所以我們才會努力了解自己與他人，因此人生才有樂趣。

的確，人不可能完全了解彼此。「欠缺（not whole）」正是人類共同的特徵。但加持似乎認為，這種有限性，反而是推動我們了解自己與他人的動機。這就像是我們的第二種消極能力吧。因為理解總是不完整，所以我們才會不斷嘗試去了解，因此讓人生更有樂趣。

當我們試圖去理解某件事，卻總是有所不足，這其中也包含了帕斯卡式的「悲慘」：明明是出於好意，卻導致局面惡化；明明沒有惡意，卻誤傷他人。因為一言不合，忍不住嘲諷或挖苦對方，其實是想要博取認同，卻只是白費工夫。不願意坦然接受別人的好意；嫉妒別人的成功與幸福。覺得能取代自己的人多的是，所以無論如何都必須聽從命令與指示，設法找出自己的存在意義。即使心裡很清楚，這麼做根本無法從本質上解決問題，卻還是利用別人或其他事物來填補失去他人的痛苦，結果卻傷害了別人。因為嫉妒朋友而刻意炫耀自己；看某個朋友不順眼，忍不住跟別人說他的壞話。因為不耐煩，就用強硬的語氣對陌生人說話。結帳隊伍太

*146 The book Conditions Handsome and Unhandsome, 2nd edition, University of Chicago Press, p.41. 我收錄在戸田剛文編《今からはじめる哲学入門》（京都大學出版會）的文章，也有提到卡維爾的這段論述。

長、寶寶號啕大哭，遇到這些著急也沒用的事，卻不由自主地感到不耐……

我們都有這種可憐又醜陋的一面，我也不例外。不過，這些缺陷與有限性，真的只會使我們停滯不前嗎？難道它不能驅使我們往前邁進嗎？當我們站在原地無法看見山丘的另一邊時，是否反而會想「再往前多走一段路看看」？

如果我們能夠將不完整當作驅動理解的契機，那麼「不急於說明或解釋，而是保持『完整的說明其實不存在』的立場，仍然試圖去深入理解」的這種消極能力，就有了另一個名字——「好奇心」，它是一種將手伸向尚未觸及之處，如冒險者走向未知大地般的精神。也就是說，我們的缺陷與稚嫩，並不會讓我們困在自己的生命經驗中不斷打轉，而是促使我們從現在的位置試著往前邁近。

從這點看來，加持的心態其實與文學上的「浪漫主義」不謀而合。[*147] 浪漫主義有很多面向，無法簡單概括說明。不過其中一個重要立場，就是對「取之不盡」的感性保持敏銳。也就是說，沒有任何事物是人類可以完全掌握的，我們對一切的了解必定有所遺漏。換句話說，那些「以為已經理解的東西」，其實具有更深的意義，並且不斷地超越知性的範疇。[*148]

順便一提，提出「消極能力」這個詞的詩人濟慈，也是「浪漫主義」的代表之一。將加持與濟慈相提並論或許顯得突兀，但是經過前面的說明，這個組合其實也沒有那麼奇怪了。

哲學是享受持續求知的樂趣

我們就像追查未解之謎的偵探一般，仰賴知性的光芒，不斷嘗試了解各種事物，逐漸將未知轉化成已知。但是，不管用多少說明與解釋之光去照亮，總是會留下無法歸結出合理意義的黑暗。天生就具備「醜陋」這項條件的我們，始終只能以缺陷的形式去了解某個人、事、物。包括對我們自己，也永遠無法徹底理解。

《EVA》電視動畫系列第十一話「在靜止的黑暗中」的最後一幕，有一段令人印象深刻的對話：

明日香：可是，沒有燈光的話，看起來就像沒有人住一樣。（街燈亮起）看吧？這樣令人感覺很安心。

*147 拙作《信仰と想像力の哲学》第五章裡，整理了浪漫主義的思想，以及浪漫主義注重的「想像力」概念，同時也提到了杜威。本書嘗試的，某種意義來說就是復興浪漫主義。

*148 這就相當於「去感覺」、「擁有情感的內涵」所指的意思。

零：人類畏懼黑暗，所以才用火消滅黑暗來活下去。

明日香：好哲學！

光照亮的地方，同時也會形成影子。這也可以看作是好奇心與知性（＝光），跟疑惑與疑問（＝黑暗）兩相對照的隱喻。

人類為了理解疑惑與疑問，總是嘗試給出解釋與說明。然而，疑惑並沒有因此消失。有光的地方就有陰影，就算光能減少黑暗，陰影卻始終存在。不過，永存的黑暗也引起我們渴望了解黑暗的好奇心，驅使我們去照亮其他黑暗之地。

因為謎團無所不在，我們無法全數破解，才會產生求知的好奇心。借用加持的話來說，這也正是讓生活變得「有樂趣」的原因。我之所以使用「嗜好」這個輕鬆的詞彙，來稱呼藉由創造與培育來了解各種事物的行為，就是為了捕捉其中的樂趣。

當然，明日香所說的「哲學」，只不過是想要逗弄突然說起抽象道理的綾波零，背後並沒有什麼深意。不過，如果將這種「對無窮的未知產生興趣，持續專注於疑惑」的生活方式稱為「哲學」，也是個不錯的解釋。其實，philosophia（哲學）

就是philo（愛）＋sophia（智），明日香已經在無意之間指出了哲學的核心。

專欄

存在主義・客體關係理論・消費社會理論的搭配

這一章的探討架構，是延續上一章對新自由主義的批判，並進一步指出：我們可能已經習慣藉由沉浸在「快樂的倦怠」，藉此應對「為自己負責」造成的問題。我們之所以沉溺，是因為一旦刺激中斷，就會窺見無聊與焦慮的情緒，動搖我們的狀態。而對手機帶來的各種感官刺激之間的〈裂縫〉加以關注，這個思考是延續杜威的觀點；另一方面，討論情緒所揭示的存在性質，這部分論述也受到存在主義哲學家海德格與九鬼周造的影響。

不過，本章主要引用的是梅蘭妮・克萊恩（Melanie Klein）以來對「客體關係理論」的見解。[*149] 克萊恩探討了偏執—分裂心理位置（無法把人或事物看成「完整的整體」，而是只聚焦在「某個部分」來建立關係，並以二元對立的方式，從無或有、是與非來區分世界），以及憂鬱心理位置（認同人事物都同時具有好與壞的面向，同時對於自己擁有這兩種面向的衝動而感到罪惡或掙扎）。這個探討經過後續發展，才又新加入湯瑪斯・奧格登的「自閉—毗連心理位置」。費雪的「憂鬱的快樂」，可以視為自閉—毗連心理位置常見的防衛行為。本書的特色，就是結合消費社會（以及媒體理論）的觀點，來探討這種防衛行為。

換言之，本章的討論也歸結出一個現象：當我們與世界或他者建立關係，就容易陷入偏執—分裂心理位置，將事物簡化成好或壞的二元陣營（這就是奧特加批判的現代人樣貌）。當人們不願意面對這種二元論帶來的衝突時，往往會選擇停留在自閉—毗連心理位置（費雪擔憂的現代人狀態），設法維持和諧的氣氛，保護自己免於與人對立。而自我啟發文化造成的過度自我信賴，其實助長了非黑即白的二元對立心態，促使我們將「糾結」的感受都化為令人「舒暢」的言行。

根據以上見解，我們最好不要跟無法簡單區分是非對錯，也無法輕易獲得舒暢的複雜世界切割，而是要懷抱某種程度的糾結，找到與之妥協的方法（＝憂鬱心理位置），此時「嗜好」與「自治」的觀點就值得參考。

最後，關於加持與卡維爾的討論，可以連結到所謂的「道德完美主義」的立場。不

*149 克萊恩是客體關係理論的「源頭」，也有人認為她並不符合這個立場。

過，我個人認為這種立場帶有德行倫理學（以及些許菁英主義）的意涵，會給人稍顯沉重與嚴肅的印象。因此，我希望能像討論「嗜好」這個概念一樣，以更輕鬆的方式進行討論。

結語

寂寞讓我們孤身一人

這一路上，我們看過哲學家、心理學家、媒體研究者，以及電影與動畫等各種說法。不知道大家對這趟懷疑自己，以及在迷途中思考、尋找、邁進的旅程，有什麼感想？

我們不妨重新看一次開頭這段話：

> 活著之於你們，無異是一件永無憩息的粗活，因為不安，所以你們才對活著感到厭煩，不是嗎？〔……〕你們都喜歡粗活，喜歡快速、新奇與未知的事物——你們受夠了自己，你們的拚命工作只是一種自我逃避。*150

*150 弗里德希·尼采（Friedrich Nietzsche）。查拉圖斯特拉如是說（Also sprach Zarathustra）。

如果我們認真接納這段話，卻又不過度嚴肅、不過度凝視內在，也不輕易尋求交流與連結，那麼，我們還能找到什麼具體方法，去面對我們一直逃避的「糾結」、「消化不良」、「晦澀」又「源源不絕」的情緒？

這本書或許可以說是「應對『注意力經濟加劇的寂寞』指南」。但其實是，我們所抵抗的與其說是「寂寞」，不如說是受到寂寞驅使而做出奇妙行為的自己。我們不斷反覆確認：我們是如何讓自己忙於粗活？手機與它建構的消費環境，又如何促使我們忙於粗活？（當然，這裡也可以加上後福特主義的論點來補充）。

談到寂寞，也就是「感覺自己孤單一人、渴望他人陪伴的心情」，或許只會讓人連想到帶著好感去依賴他人的行為，但事實其實更加複雜。吉野朔實的漫畫《瞳子》（小學館）裡有一句令人印象深刻的台詞：「於是，我藉由厭惡，承認自己對母親的依賴。」這個觀察相當精準。因為敵意與攻擊性，無非也是對他者的強烈依賴。再看看網路上的「酸民」與陰謀論者：厭惡與指責，也是寂寞的流露。好感與敵意都可能是寂寞的表現。

受到寂寞擺布時，我是真正的「孤單一人」。我在寂寞的驅使之下對他者產生依賴，因此失去內在的多樣性，內心逐漸只剩下單一的聲音。我之所以是孤單一人，不只是因為找不到能夠為我消除焦慮的人，更是因為，我將理應住在內在的各種他者「當作不存在」。因此，「希望有人陪伴」的聲音才會加倍膨脹。

當我們像這樣切割、變成「單一」的人，內在就缺乏了將自己相對化的要素。於是，我們不是讓內在響亮的聲音不斷反彈與增幅，就是只關心自己的內在，或盲目接收他者的聲音，並誤以為那就是「自己的心聲」。當這個現象轉變成負面情緒時，我們的內心就會響起這些聲音：

「沒有人懂我。」
「不想讓這傢伙看見我的真面目。」
「反正只要聽命行事就好。」
「總會有人想辦法的。」

受到寂寞擺布的我們，有著共同的特徵：過度的自我關心與自我封閉式的思考。寂寞看似是渴望他者的陪伴，其實往往意味著只是尋求「接受我的依賴、任我隨便對待」的他者。也就是說，寂寞是重度自我關心的延伸。而手機帶來的多工處理與各種社交連結，也不斷刺激與擴大這種自我意識。*151

我們獨自埋首於自我的迷宮中不斷打轉，以為可以根據自己既有的「想法」與

「意見」來判斷與評論他人的言行、社會事件與外界發生的一切，這就是自我封閉式的思考，也是奧特加所以批判「利己主義」、「迷宮」、「埋首於自我」與「不斷打轉」的狀態。

孤獨與嗜好不是萬靈丹

與自我關心、自我封閉式思考的模式相對的，就是孤獨與孤立。而能讓我們保有孤獨與孤立的，則是那些「創造與培育某樣東西」的嗜好，是不停重複書寫，是容納無聊與悵然若失的情緒，是擁抱情緒帶來的內在對話，是「別被指尖迷惑」，是維持自治，是不完全依賴獨立思考，是讓想像力更多元，是讓他者住進自己的內在，是擁有消極能力，以及能夠無窮探究的冒險精神。

我一口氣寫得太多了。就讓我們依照「孤獨」與「嗜好」的概念整理一下。手機與社群網站等媒體塑造出的習慣，讓我們活在「寂寞奪取自我」的時代。而在這個時代裡，最容易失去的，正是「孤獨」。

孤獨是指獨自一人、與自己對話的狀態。但手機不斷分散我們的注意力，讓我們進入多工處理狀態，使我們難以保有孤獨。因此，「孤獨」在手機時代顯得愈來愈重要。然而，我們也不能無條件地依靠孤獨。如鄂蘭指出的，孤獨也可能轉變成孤棄（寂寞）的狀態。*152 寂寞的表現方式，除了因為「受夠自己」而尋求他人陪伴，也可能反過來呈現「自戀」的態度，刻意強調孤獨的重要性。

這世上充斥著宣揚「學會孤獨」、「別害怕孤立」或「不需要朋友」的書籍與文章，還有「相信自己的美感」或「聆聽內心的心聲」這類自我啟發論。這些全都是要求我們自我封閉、把他者與世界當作雜音排除在外的話術。憑藉著「自己就能做好」的自負心，告訴自己「管他的」、「只要聽從自己的心聲就好」並刻意忽視他人，這種心態，不正是「寂寞」的另一種表現嗎？過度否定自己對他人的渴望，就等於是把他人當作雜音排除。這樣的狀態與本書談論的「孤獨」毫無關聯，反而是一種帶有敵意的寂寞。

---

*151 關於這方面，可以參考《自戀與缺憾》（Narcissism and Its Discontents），談的是社群網站問世後的精神分析，但書中的措詞十分辛辣，本書並不會介紹。自從克里斯多夫·拉許（Christopher Lasch）在一九七八年出版《自戀的文化》（The Culture of Narcissism）後，群眾社會與自戀的論點就一直隨著媒體環境和時代局勢而不斷改變。

*152 漢娜·鄂蘭。極權主義的起源（The Origins of Totalitarianism）。

孤獨固然很重要，但它一不小心就會化身為寂寞。所以，重點並不是「只要獨處就好」，也不是「愈孤獨愈好」。正因如此，我在這本書裡始終都把孤獨描寫得輕鬆隨興，寫得很有甚至帶著樂趣。我認為，最好將孤獨描寫得很親近，而不是遠在天邊。

而這個想法又引出另一個關鍵字：「嗜好」。這個詞帶有恰到好處的輕鬆感。因此，第四章的標題將「孤獨」與「嗜好」並列。那麼，「孤獨練習」究竟是什麼？

本書提議的「孤獨練習」，就是擁有嗜好。但這裡使用的「嗜好」與平常說的「興趣」有點不一樣，而是僅限於「創造或培育某樣東西的活動」。而且，「嗜好」必須是在與社會生活隔絕的自治領域裡進行，不需要被看見，也不是為了展現，而是用自己的方式不斷嘗試與創造。

因此，那些將成品放上網兜售，或拍照上傳社群網站表示「耶——這是我的興趣」，又或是為了趕流行但最後只維持三個月的興趣，這些像節慶活動一樣的嗜好，都不能算是本書討論的「嗜好」。但是，某些工作充分符合本書所謂的「嗜好」的定義。電影《在車上》裡出現的那一齣多語言版《凡尼亞舅舅》，就是最好的例子。

另外，還有一個重點：雖然嗜好包含在錯誤中反覆嘗試的過程，但是這又跟商管書常見的「解決問題」手段不同。它更像彈鋼琴時不斷練習到自己滿意為止，或是創作出一段音樂的過程，其中包含了「重複」的要素。而且，即使當下認為創作已經完成，一年後卻可能想重來，再過一年可能又想要重來……嗜好是沒有終點的。嗜好是一種「遊玩」，不會因為達成特定的目標就結束。「反覆練習，不斷重複同一件事，直到自己滿意為止。只有這個辦法。」渚薰的這句話，恰如其分地表現出嗜好永無止盡的樂趣。*153

創造沒有盡頭，也意味著我們始終難以掌握創造過程中必須面對的「作品」，我們將它稱之為「疑惑」。*154 無論如何，我們絕對沒辦法創造出心目中理想的結果。在與無法解釋的疑惑一起玩耍的過程中，「自我對話」將會逐漸產生。也就是說，嗜好就是透過與難以捉摸的疑惑對話，讓我們進入鄂蘭所說的「一個人裡面住著兩個自己」的狀態。本書所說的「嗜好」，就是用這種方式「培養出來」的。

*153 雖說嗜好會帶來樂趣，但也包含了辛苦與麻煩的要素。例如種西瓜時需要灌溉跟除草，想要在鋼琴上順暢地滑動手指，也需要踏實地反覆練習。若是沒有扎實的練習與學習，嗜好是無法成立的。

*154 「疑惑」是拙作《鶴見俊輔の言葉と倫理》的關鍵字，特此引用。

手機與社群媒體，模糊了我們的多元性

孤獨也可以理解為透過與自己的對話，逐漸塑造自己的過程。這是一種培育「內在庭園」的嘗試。各種他者、作品與嗜好創造出的事物，將會使這座庭園裡的草木欣欣向榮。原以為會種出燦爛盛開的繡球花，卻開出不記得自己種過的滿天星，細心呵護的西瓜，也可能枯萎凋零。自我，就是如此複雜的複合體。

但是，一旦置身在他人的目光下，我們的多元性就變得模糊不清。因為與別人相處時，我們總是作為「一個人」的面貌存在，而不是展現多元並存的自己。即使內在庭園裡有形形色色的植物，如果其中最醒目的是那片即將枯死西瓜田，整個庭園就會被簡化為「奄奄一息」的樣貌。此外，過度分割自我，也難以與他人保持穩定一致的交流。因此，在他人的目光下，我們往往看不清自己的多元性。

這似乎又會推論出另一種看法：「既然如此，彼此往來時就該毫不隱藏，展現出自己的各種面向，以這種多重的樣貌來交流也很重要，不需要始終如一」。但這樣的見解未免太過單純。說穿了，我們對自己的多元性也並不熟悉。因為，當我們受到寂寞驅使（或是依循自我啟發理論「聽從自己的心聲」時），往往會把自己當作單一或統一的個體。再加上我們幾乎隨身攜帶手機，隨時透過社群網站暴露在別人的目

光下，我們必須認知到，或許根本是我們自己先主動壓抑了自我的多元性。

除此之外，我們或許也忘卻了「建立連結的方法」。現代人若是為了「不落單」而行動，往往會將傳送罐頭訊息或圖片這種淺薄且隨時都可以切斷的互動，當作是「連結」。當然，淡如水的君子之交固然重要，但是在社群媒體或網路遊戲中，這種連結隨手可得，根本沒有必要刻意強調。值得重視的，反而是現在很難觸及與建立的連結。那麼，我們已經遺忘的連結究竟是什麼？

格雷迪．亨德里克斯（Grady Hendrix）的小說《南方書友會吸血鬼殺戮指南》（The Southern Book Club's Guide to Slaying Vampires），是以網路和智慧型手機尚未問世時期的美國南部郊區為背景，描繪了一種難以想像的關係。主角派翠西亞被最親密的好友、家人，以及當地社區的所有人誤認為有毀滅性的傾向。派翠西亞懷抱著祕密驅使書友會的朋友按照她的計畫行動，結果導致她們互相傷害，派翠西亞在當地的名聲一落千丈，失去所有人的信賴。但她依然不打算切斷與朋友的聯繫。她只想設法讓這群朋友了解狀況，處心積慮地不斷與她們對話。對於現代已經習慣要「切斷」多少連結都可以的我們來說，已經愈來愈難想像這種關係與連結了。

因此，本書致力於整理歸納能夠察覺與培育自我多元性的理論。書中多次提到孤獨與嗜好，也是基於同樣的理由。如果要以一句話概括這本書的內容，那就是「不要一味追求與大眾的聯繫，也要踏實地追求屬於自己的享受」。在手機時代，唯有經過孤獨，才能維持適度的人際關係。

但另一方面，我們也不能一直困在「內在的他者」之中。我們還要像真嗣眼中的加持一樣，去思考與尋找那個願意關懷我們的他者。

同伴與信賴的重要性

漢娜．鄂蘭談論孤獨時，也提及「同伴」的存在。同伴既是我們受到寂寞驅使時可能依賴的對象，同時也是我們的支柱。

> 自我可以在孤獨中獲得，但唯有憑藉同伴那信賴我們且值得我們信賴的陪伴，才能在同一性中被鞏固。*155

「這株長得真好」、「好漂亮」、「好像快枯死了」……能夠發現我們內在庭園裡植物的狀態，對它們說話、認同它們的存在的人，就是值得信賴的同伴。藉由被同伴看見、談論，或是與同伴交談，我們就能更努力布置這座庭園。所幸有值得信賴的同伴，庭園才能更加欣欣向榮，甚至還可能得到別人分享的新種子。

這裡所說的「信賴」，並不是單純判斷「要不要相信這個人」的問題，而是更根本的：「能否安心活在這個世界」上的問題。我們需要有人從根本認同我們，這股安心的感覺才使我們得以在孤獨中百般思考，在嗜好中反覆試錯。

鄂蘭在同一篇文章中還寫了這段話：

> 在寂寞的狀況中，人會同時喪失了「將自我作為思想同伴」的信任，也喪失了對世界的基本信心，而這對於產生所有經驗都是必要的。*156

寂寞會讓人失去對他人、自己，甚至對世界的信任。這正是派翠西亞與朋友的關係變質、在當地社區聲名狼藉，宛如行屍走肉時，差一步就要淪陷的狀態。但是，我希望各位聚焦在更重要的部分，也就是鄂蘭文章的後半段。她認為，孕育多

*155 漢娜・鄂蘭。極權主義的起源。
*156 同前書。

元自我的孤獨，是建立在對世界、他人以及自己的基本信任，而值得信任的同伴，才能幫助我們培育這種信任。

在《南方書友會吸血鬼殺戮指南》裡，派翠西亞因為身心重創而住院時，有一位名叫斯利克的朋友在隔天早上前來探望她，守在她的病榻旁將近一個小時。由於派翠西亞在社區裡已經身敗名裂，其他書友會成員為了顧及面子而不願意再靠近她，但斯利克依然選擇來探病，坐在她的身邊陪伴她。斯利克的舉動一定令派翠西亞感激萬分並受到鼓舞。這不僅加強了她對斯利克個人的信任，可能也讓她產生「這個世界或許還願意包容我」的念頭。鄂蘭所說的「將自我作為思想同伴的信任」以及「對世界的基本信心」，指的就是這件事。

鄂蘭的論述應該只針對「人」，不過在我看來，人以外的存在，也就是貓狗等伴侶動物（companion animal）、虛構的角色、我們創造與培育出的東西（西瓜、詩、音樂或圖畫）等等，都可以成為「同伴」。甚至，包含在創作中偶然出現的神奇元素，我們大可相信在創造過程中所遇見的事物，也都可能成為我們的「同伴」。

無論如何，能夠「明白」自己被某人信任，或是「確認」自己信任某人，正是我們持續「了解自己與他人」的基礎，如果能夠意識到這一點，這些補充說明就算是暫且足夠了。

形塑自我，就像一場即興演奏

但是，這種與他人的信任關係，很容易轉變成依賴，淪為互相傳送LINE貼圖與同溫層語言的交流模式。雖然這未必是壞事，但是從關係的角度來看，這樣的互動可能沒有足夠空間容納「糾結」、「消化不良」與「晦澀」。

重要的還是「均衡」。「孤獨中的自己」與「跟同伴相處的自己」之間，必須維持張力。光靠自己一個人，問題無法完全解決；但情況也不會因為逃避獨處就好轉。為了避免將自己簡化為單一自我，讓其他自我之間彼此發問、提出疑惑，也很重要。

請各位回想第二章提到的「讓他者住進內在」這句話。讓他者住進內在時，最重要的是不要將他者染上自己的色彩，而是要維持他者原有的樣貌。如果從「將『自己』塑造成能夠容納多元他者的場所」這個觀點來看，「孤獨中的自己」與「跟同伴相處的自己」的差異，也會成為培育多元自我的契機。考慮加入各式各樣的社群，也可以增加「與同伴相處的自己」的數量，是個不錯的想法。

年輕詩人阿曼達・戈爾曼（Amanda Gorman）在《我們一起攀爬的山丘》裡，以

「建立（form）一個完美的國家」與「打造（compose）一個為所有文化、膚色、人種與所有人權奮鬥的國家」作為對比。借用她的說法，我們的目標並不是「建立（to form）一個完美的自己」，而是「打造（to compose）一個為所有疑惑奮鬥的自己」。這裡譯作「打造」的compose，也有「作曲」的含義。領會了這層語境，就能明白戈爾曼所選擇的字詞，放在本書的脈絡中也同樣契合。

樂曲並不是靠一己之力就能完成的。有人負責編造主旋律；也有人負責創作對應的旋律；有人只專注在構思節奏。讓他者住進自己的內在，就是為樂曲增加更多參與作曲的成員。

而這首屬於我們的樂曲中，時常摻入複雜的不協和音。不過，若是沒有這些音色，它就不會是富有魅力的音樂了。本書笨拙地運用的「糾結」、「消化不良」與「晦澀」這些字詞，正好類似不協和音的概念。要是沒有它們，樂曲就不會有層次。就像一首樂曲裡只有大三和弦，聽起來會很乏味，因此最好穿插著小三和弦。

這首音樂的開端，取決於讀者的出生日期。我們都是一首尚未編寫完成的樂曲，但這首曲子並不是打從一開始就精心設計好的。我們的生命，總是在即興作曲。就像爵士樂的臨場發揮一樣，樂手在互相摸索中開始演奏，陸續加入更多聲音，無人知曉曲子何時會結束。

樂隊裡的低音提琴有點太多。有人開始合奏鋼琴。有時候不停重複剛才演奏過的旋律，讓演奏更熱絡。也可能會有人換上新的樂器，有人中途加入演奏，氣氛變得更加歡樂。偶爾，大家會齊奏，各種樂器的音色同時存在。

像這樣將塑造自我當作是一場即興演奏的音樂，就不會那麼嚴肅沉重了吧。如此一來，奧特加所說「對發生的一切提高警覺」的態度，也可以重新解釋為：加入即興演奏的人們，仔細聆聽彼此旋律的謹慎心態。只要保持這種態度，就已足夠。

本書的旅程從冒險與觀光的比喻開始，途中參觀了治療、內在庭園、喪屍電影、森林與西瓜田等景點，最後，就在音樂的比喻中畫下句點吧。

我希望透過本書為讀者安裝的想像力，就如同前文引用雪莉．特克的文章所寫：

為了感受更多、為了獲得更多的存在感，所以我們上網尋求連結。但是愈是追求連結，我們愈是逃避孤獨。久而久之，孤獨與自我沉潛的能力逐漸退化。〔……〕如果不練習獨自思考，人將難已建立自信並清晰表達自己的觀點。這不只無助於培養合作能力，也阻礙了創新，因為創新需要孤獨的能力，而永遠在線的狀態只會削弱這種能力。*157

我們透過奧特加、尼采、帕斯卡的言論跟葛城美里的故事看見自身的可悲，又藉由費雪、自我啟發論、碇真嗣的境遇，思索現代經濟文化的殘酷。並且，我們也意識到，手機所營造的全方位消費環境不斷分散我們的注意力，奪走了我們的主體性——也就是在名為「自己」的故事中扮演主角的能力。

因此，我們需要「孤獨」，也需要「嗜好」來確保孤獨的狀態，雖然本書對此已經有長篇討論，但並不是只要強調「孤獨與嗜好很重要」，一切問題就能迎刃而解。再怎麼詳盡的討論與探索，都必定有所不足。「所以閱讀才有樂趣啊！」加持大概會這麼說吧。

我想以一段小說家黑井千次隨筆集裡的故事作為收尾。據說，有位作家對先前故事中那位看似無所不知的人說：「我不會問你任何事，因為不管問什麼你都知道，那樣太無趣了」。這種「無趣」，正是因為這個無所不知的人缺乏了消極能力。這名作家就跟加持一樣，重視「試圖了解未知事物」所蘊含的「趣味」。

不過，黑井接下來寫的這段話更具有深意：

我心想，那名作家並不是單純地想要答案吧。在我的想像中，他或許是希望對方也能加入自己抱持的疑問、跟他一起思考。

*157 雪莉．特克。重新與人對話。

這段話點出：思考的喜悅，不在於讓別人來為自己思考，也不在於單獨思索，而是跟別人一起參與這場思考未知事物的冒險。

某種意義來說，閱讀本書的各位也是如此。你們都正在「參與我所抱持的疑問，跟我一起思考」。實際上，學習他者的想像力、讓他者住進自己的內在，並不是為了尋求自身疑問的答案，而是「參與他者的疑問，與他一同思考」。這樣培養出的多種想像力，未來將會在各位讀者受困於「自身的疑問」裡時，助各位一臂之力。

如果這本書的想像力，也能成為住進你內在的其中一個他者，身為作者的我就心滿意足了。不過，如果這本書能促使你去接觸更多書籍與對話，培養更豐富、更大量的想像力，我會更加高興的。希望我還有機會在未來那些貪得無厭的知性冒險中，再次為大家導覽。

感謝在草稿階段先幫忙閱讀原稿的兒玉麻衣子小姐、鳥井直輝先生。透過討論給了我很多寫作啟發的小川公代小姐、高田理子小姐。在我撰寫這本書的同時也與我共同製作其他書籍，因而有多次對話的機會，在不知不覺中為本書主要寫作準備的過程提供許多幫助的杉谷和哉先生、朱喜哲先生（座談書預計由櫻花舍出版）。編輯橋本莉奈小姐、千葉正幸先生，負責插畫的森優先生，負責設計的佐藤亞沙美小姐。感謝以上諸位的協助。此外，也要感謝負責在旁邊喵喵叫的中途浪貓SHION。

二〇二二年十月二十一日　寫於有點涼意的京都

谷川　嘉浩

野人家 250

スマホ時代の哲学
失われた孤独をめぐる冒険

手機時代的孤獨哲學

作　者　谷川嘉浩
譯　者　陳聖怡

野人文化股份有限公司
社　長　張瑩瑩
總 編 輯　蔡麗真
主　編　徐子涵
責任編輯　余文馨
行銷經理　林麗紅
行銷企畫　李映柔
封面設計　萬勝安
美術設計　洪素貞

出　版　野人文化股份有限公司
發　行　遠足文化事業股份有限公司（讀書共和國出版集團）
地址：231 新北市新店區民權路 108-2 號 9 樓
電話：（02）2218-1417　傳真：（02）8667-1065
電子信箱：service@bookrep.com.tw
網址：www.bookrep.com.tw
郵撥帳號：19504465 遠足文化事業股份有限公司
客服專線：0800-221-029
法律顧問　華洋法律事務所　蘇文生律師
印　製　博客斯彩藝有限公司
初版首刷　2025 年 09 月

野人文化
官方網頁

野人文化
讀者回函

手機時代的孤獨哲學

線上讀者回函專用 QR CODE，你的寶貴意見，將是我們進步的最大動力。

國家圖書館出版品預行編目（CIP）資料

手機時代的孤獨哲學 / 谷川嘉浩作 ; 陳聖怡譯 . -- 初版 . -- 新北市 : 野人文化股份有限公司出版 : 遠足文化事業股份有限公司發行 , 2025.09
　面 ;　公分 . -- (野人家 ; 250)
譯自 : スマホ時代の哲学 : 失われた孤独をめぐる冒険
ISBN 978-626-7716-93-9(平裝)
ISBN 978-626-7716-94-6(EPUB)
ISBN 978-626-7716-95-3(PDF)

1.CST: 孤獨感 2.CST: 哲學

176.52　　114010885